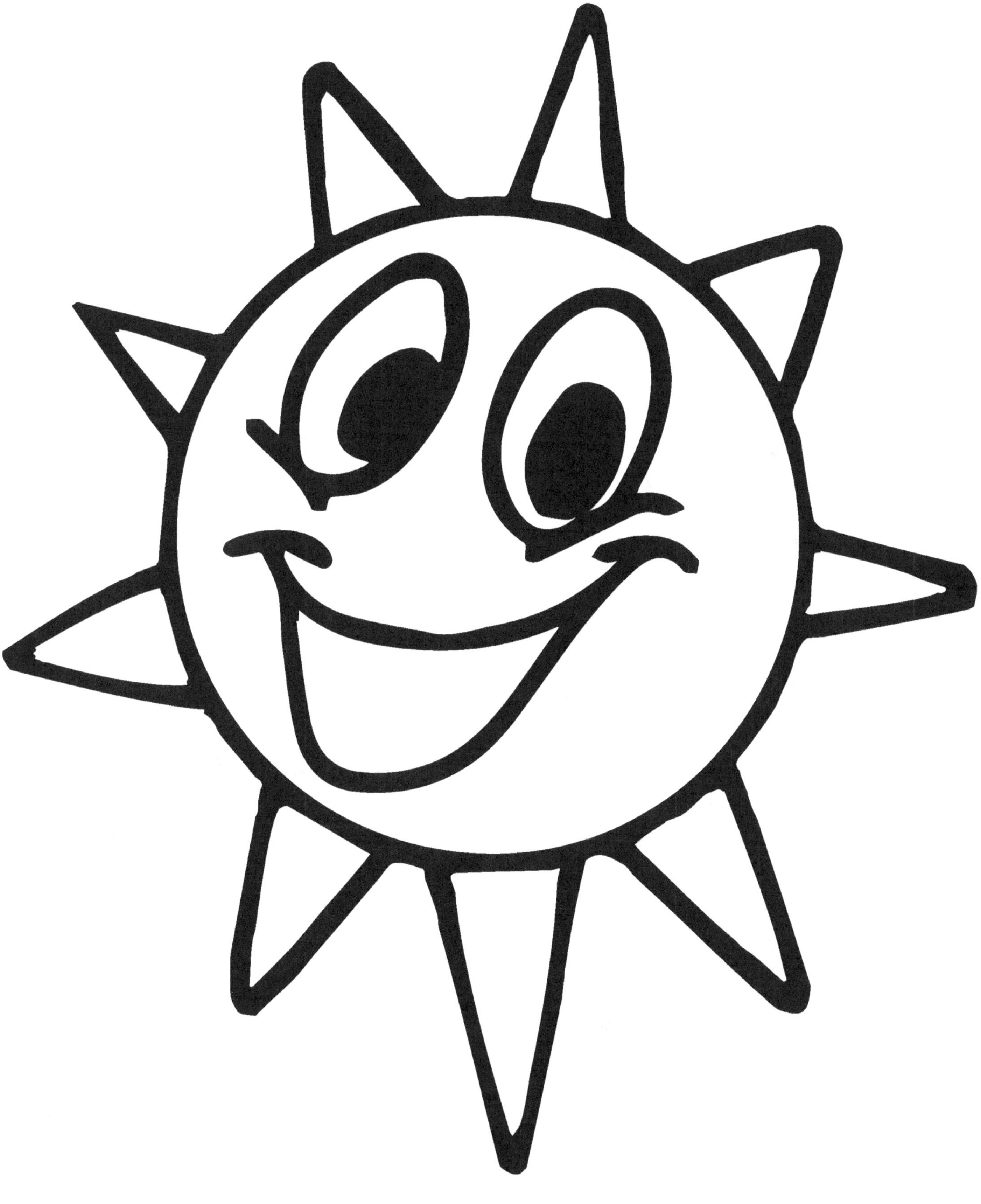

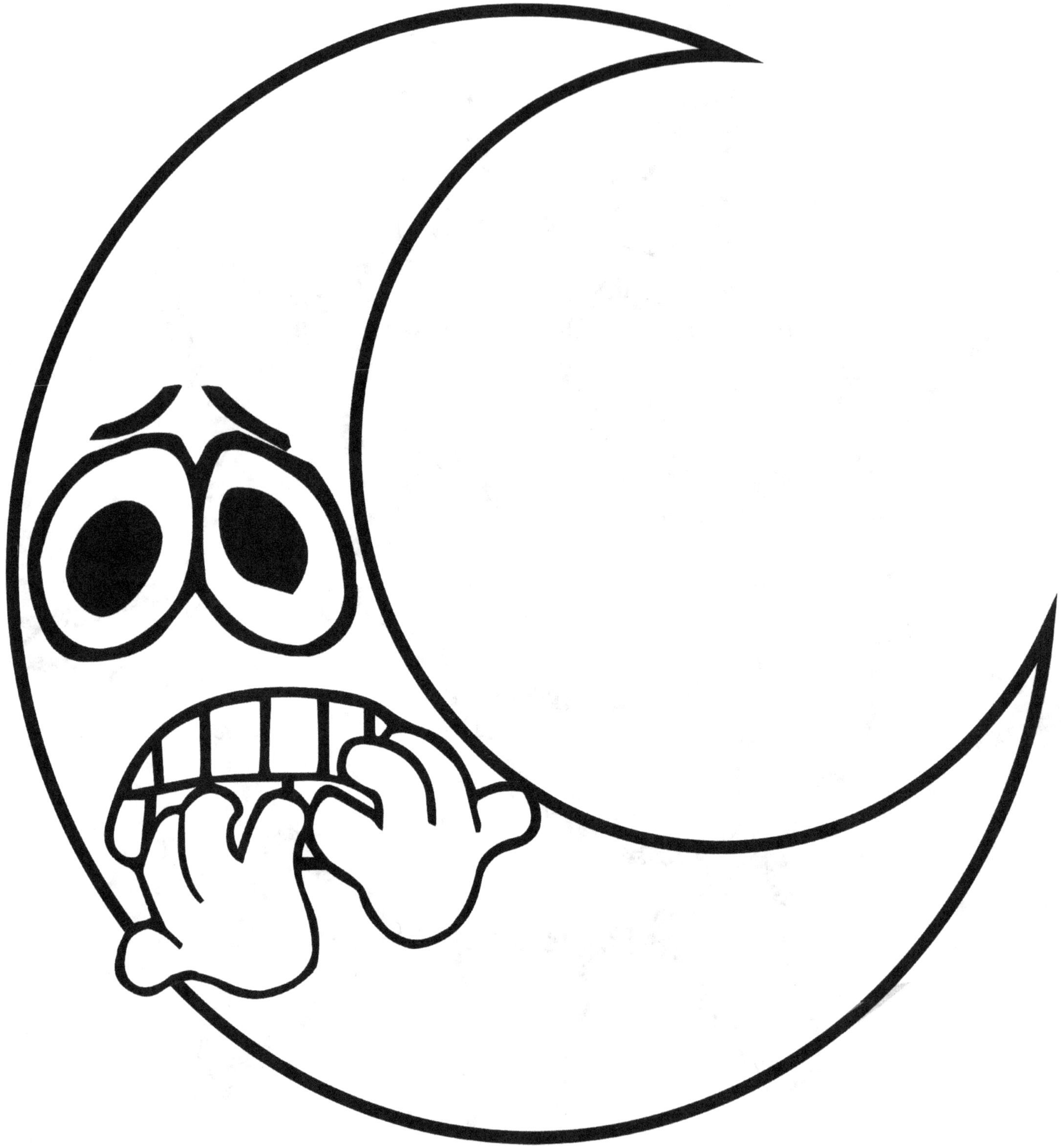

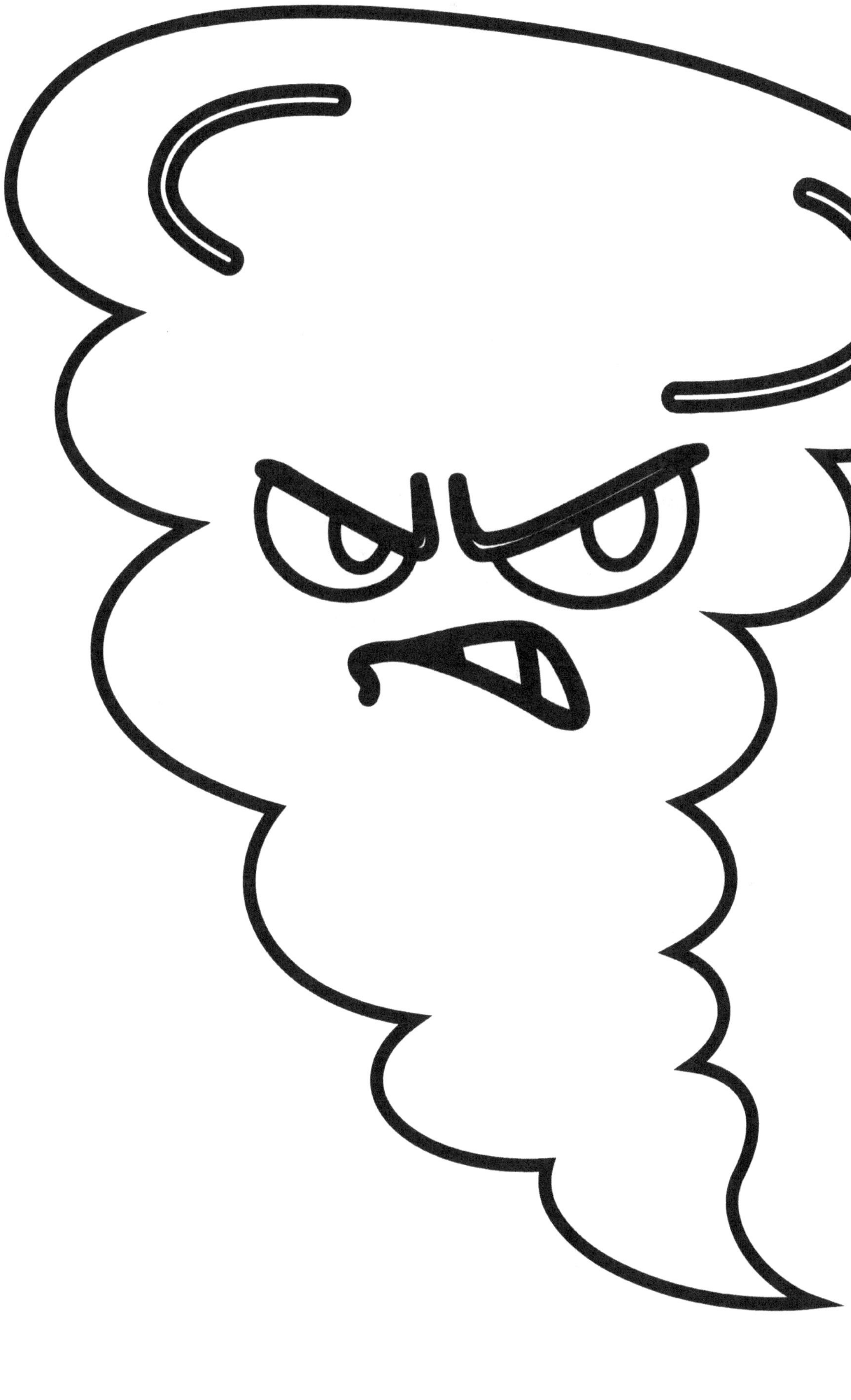

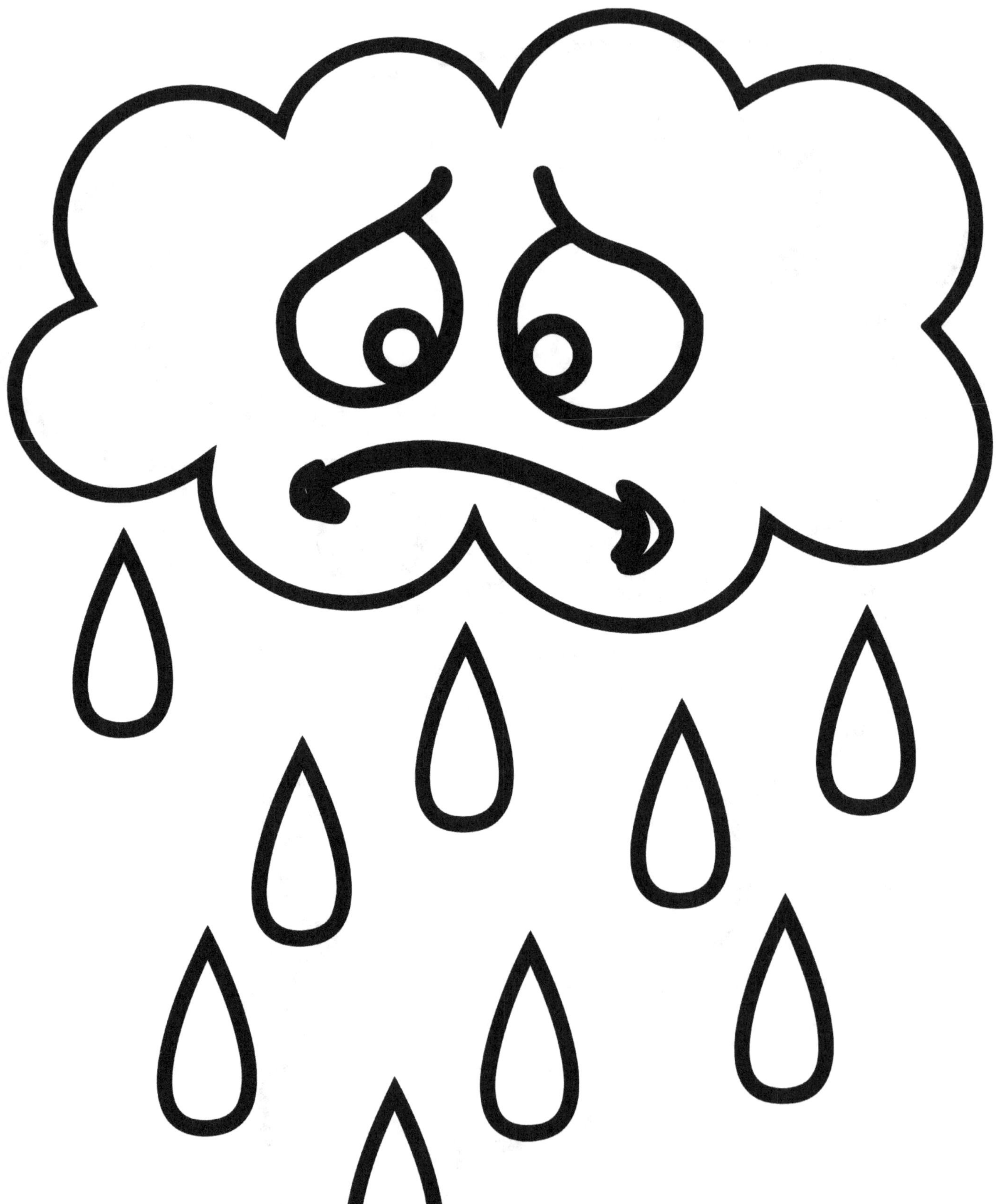

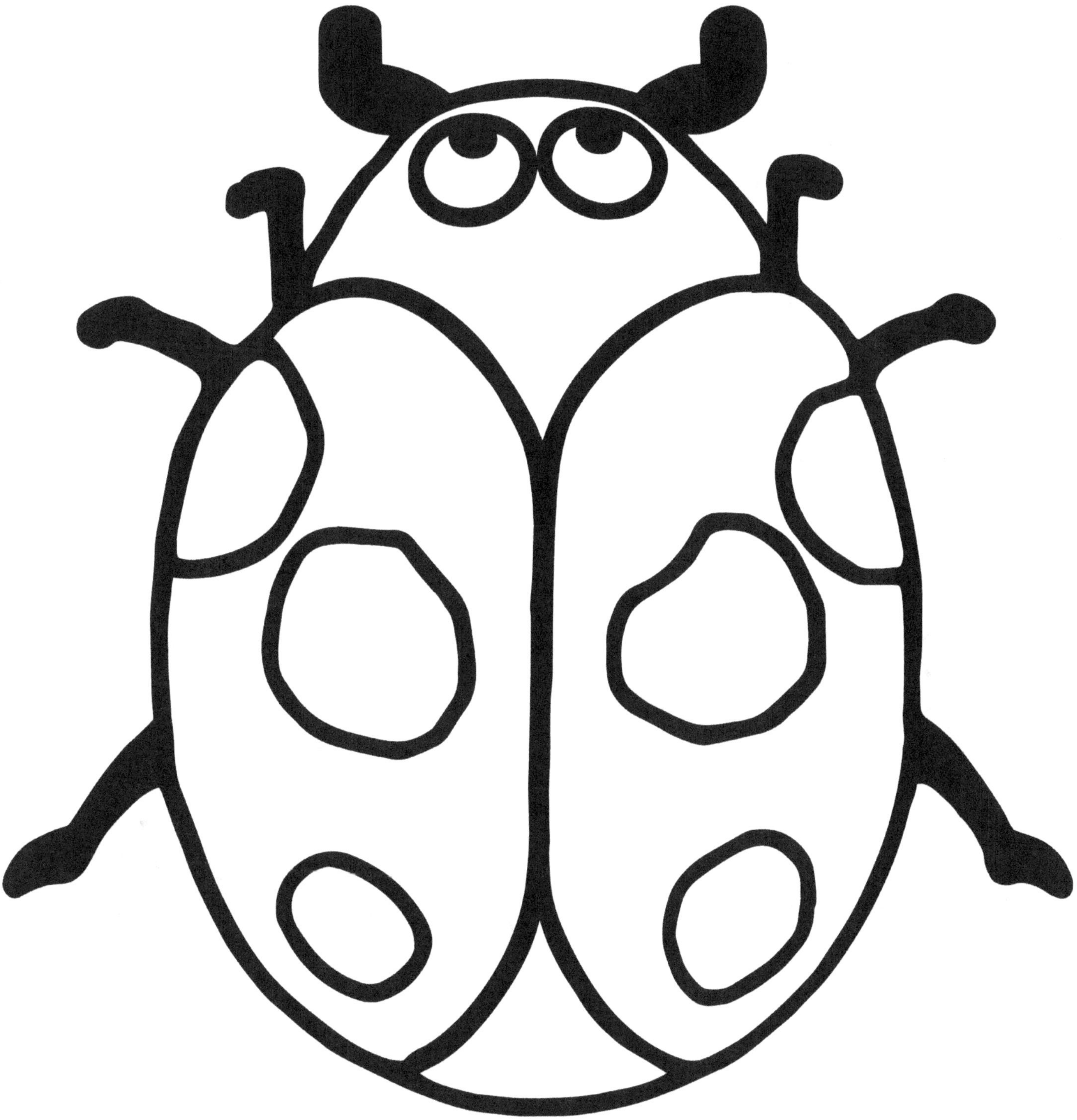

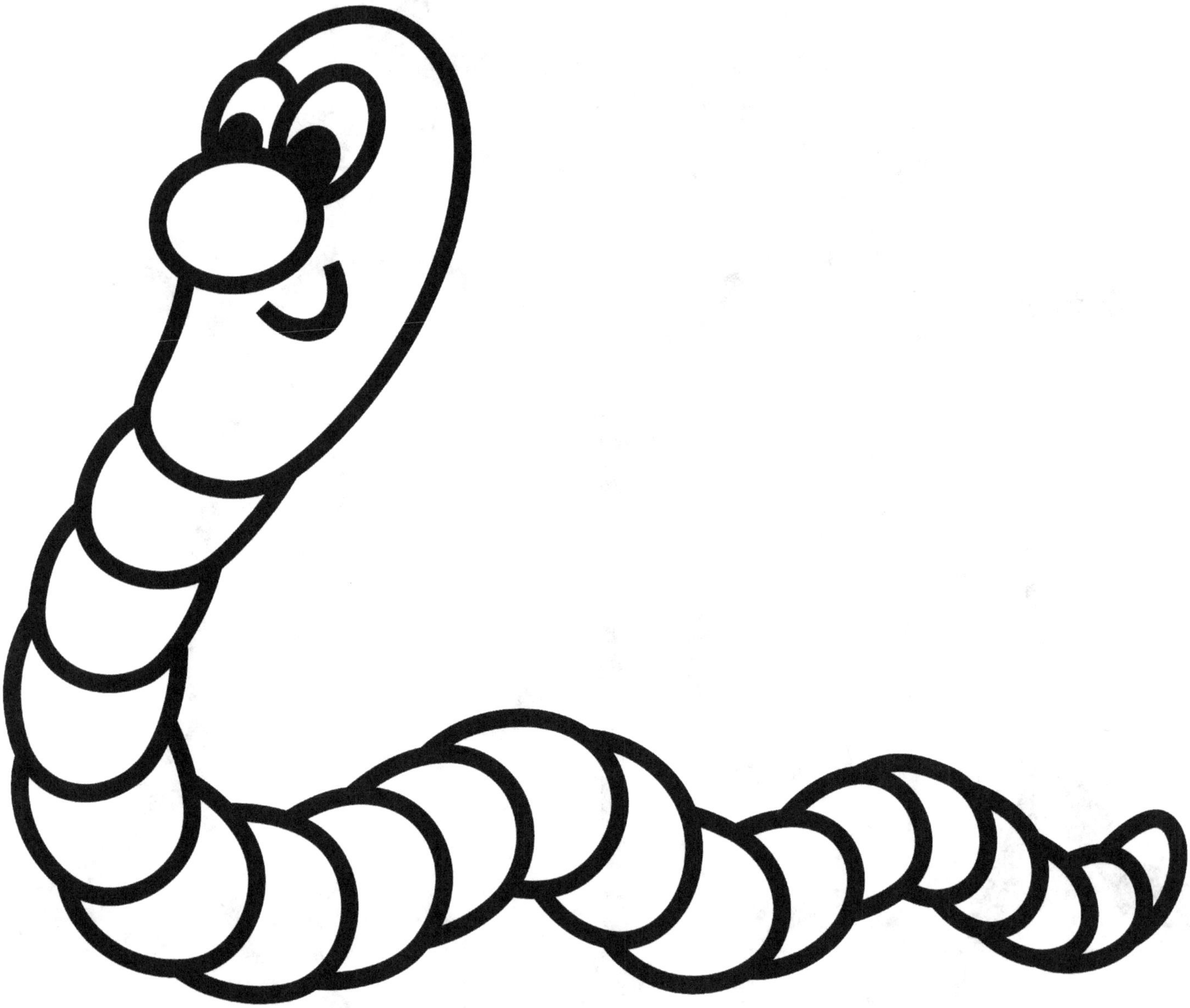

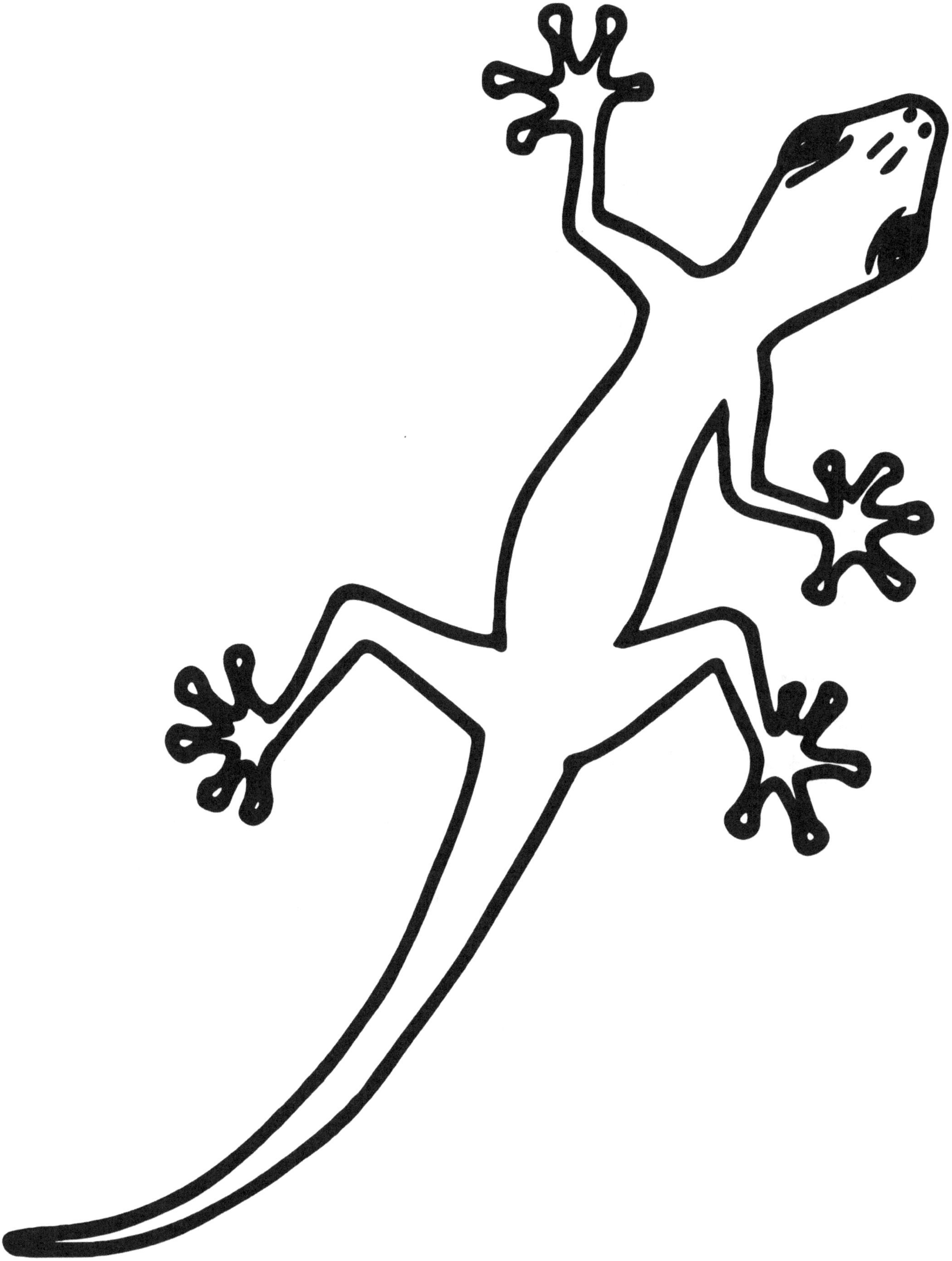

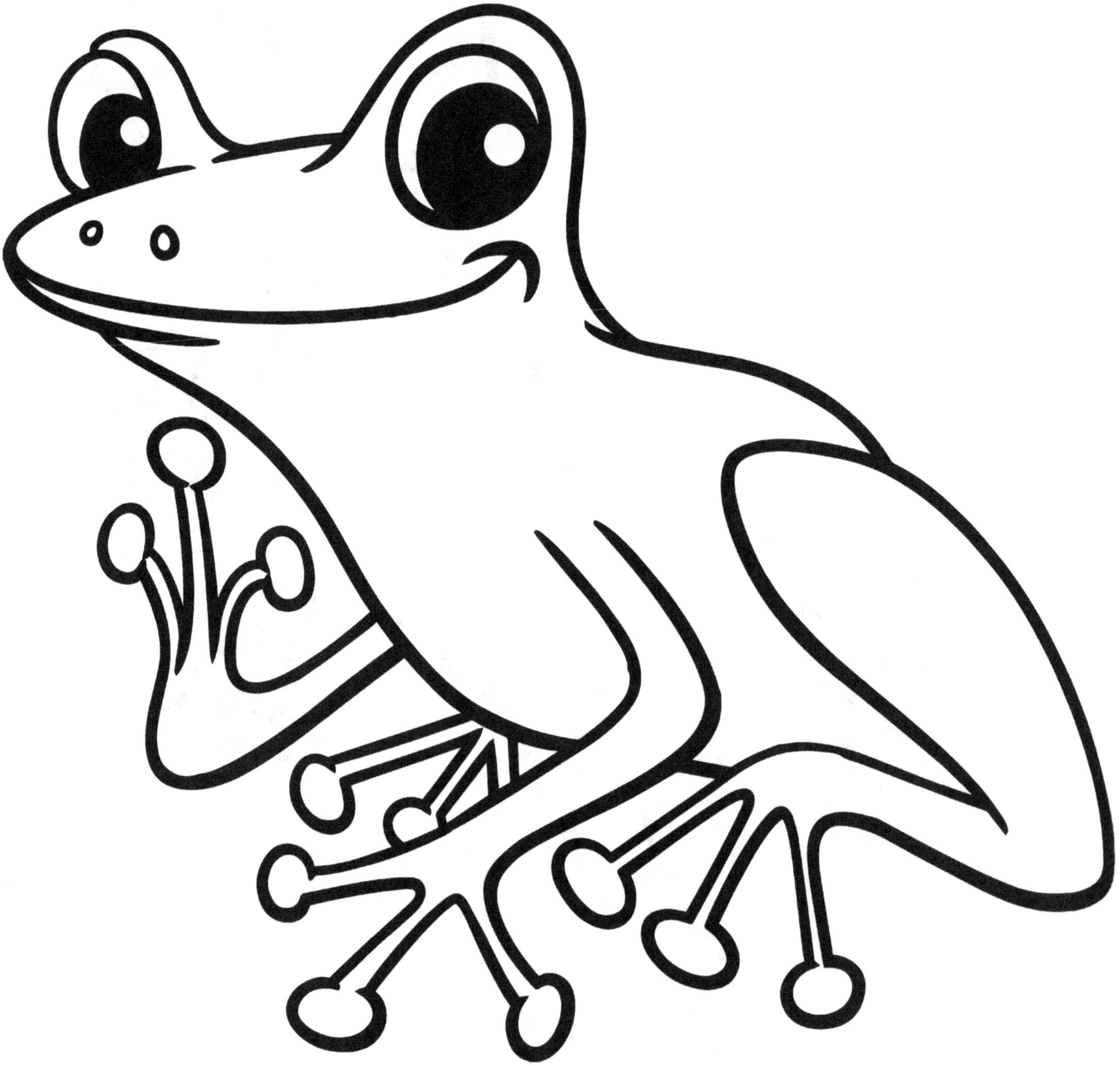

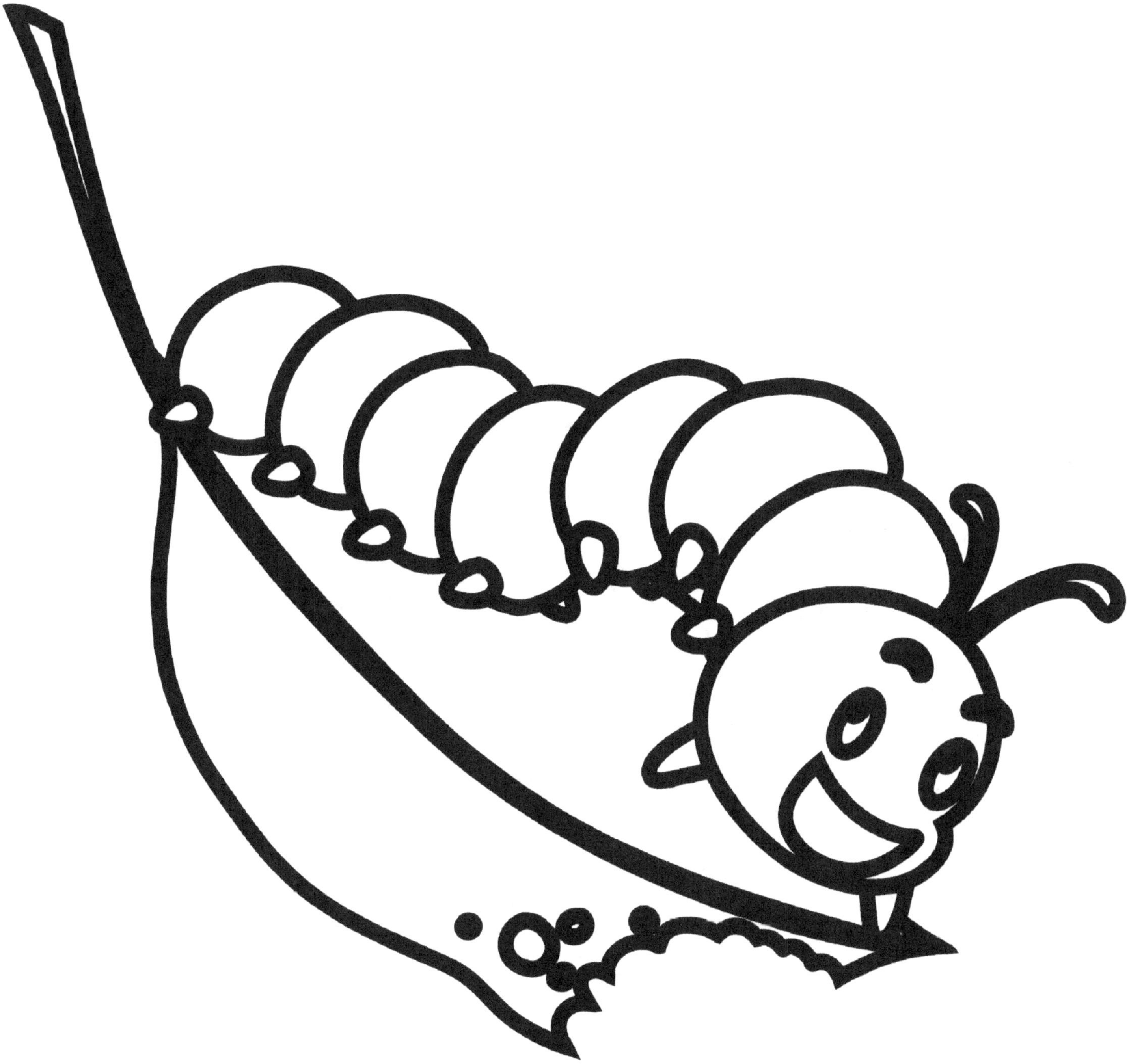

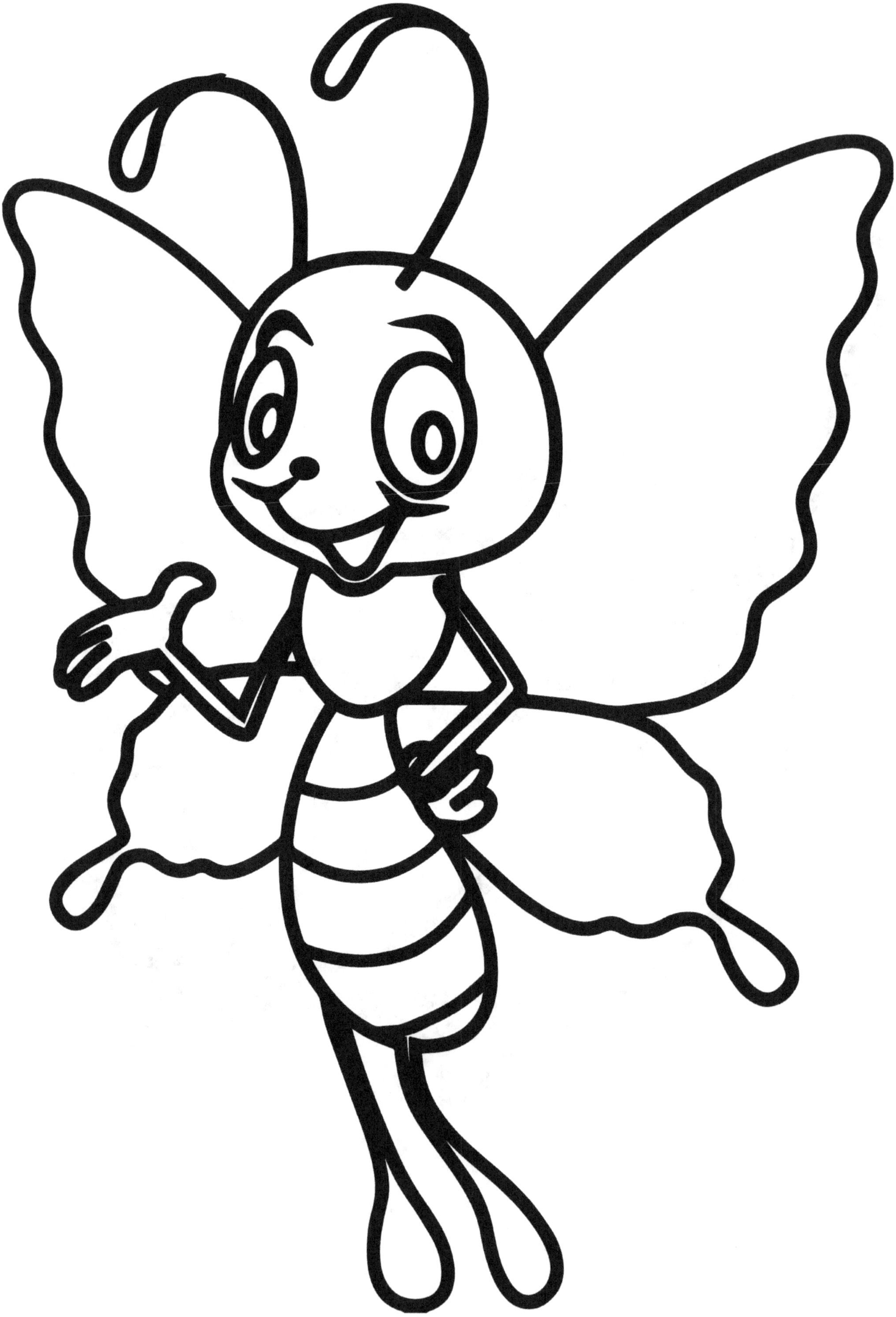

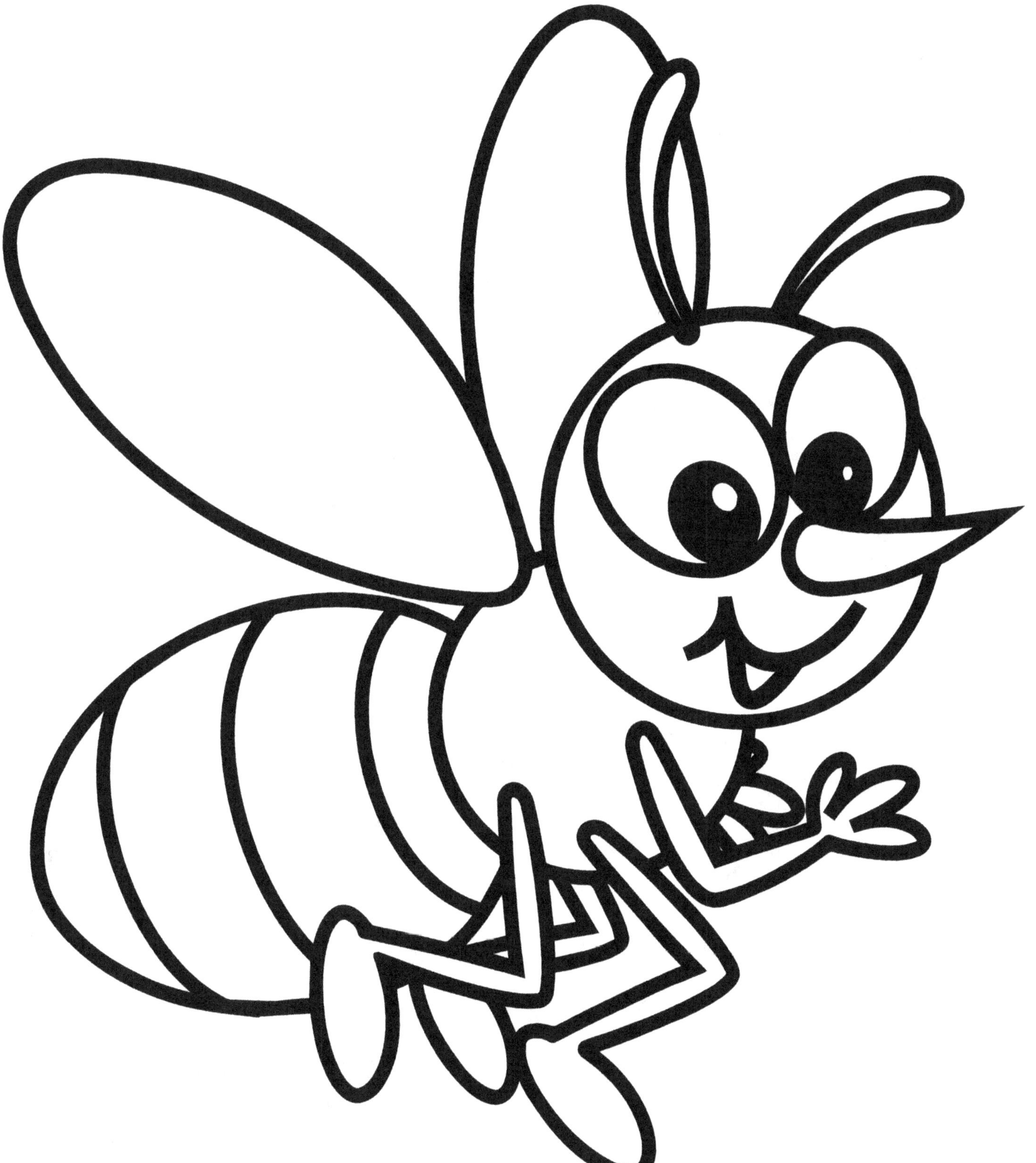

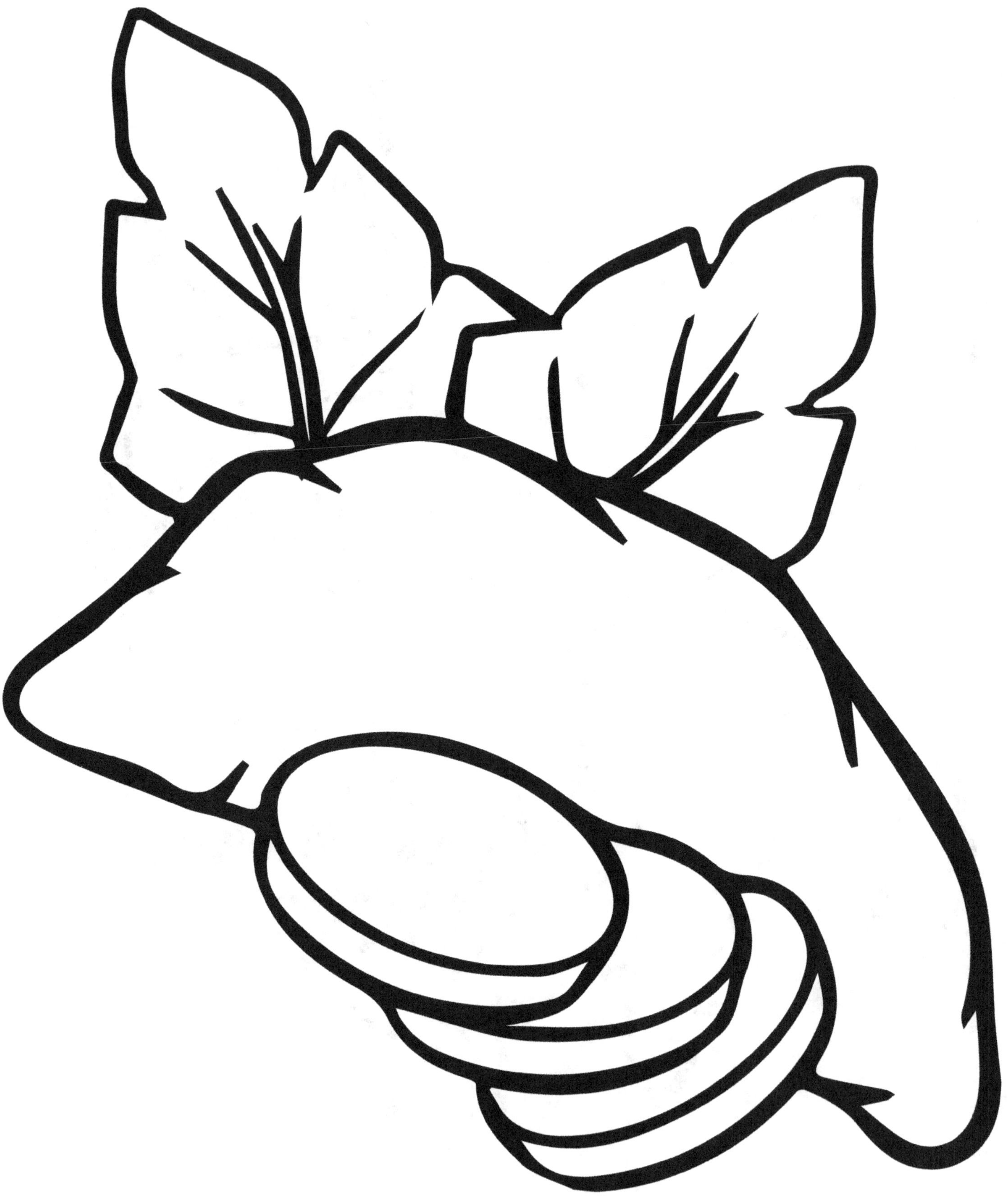

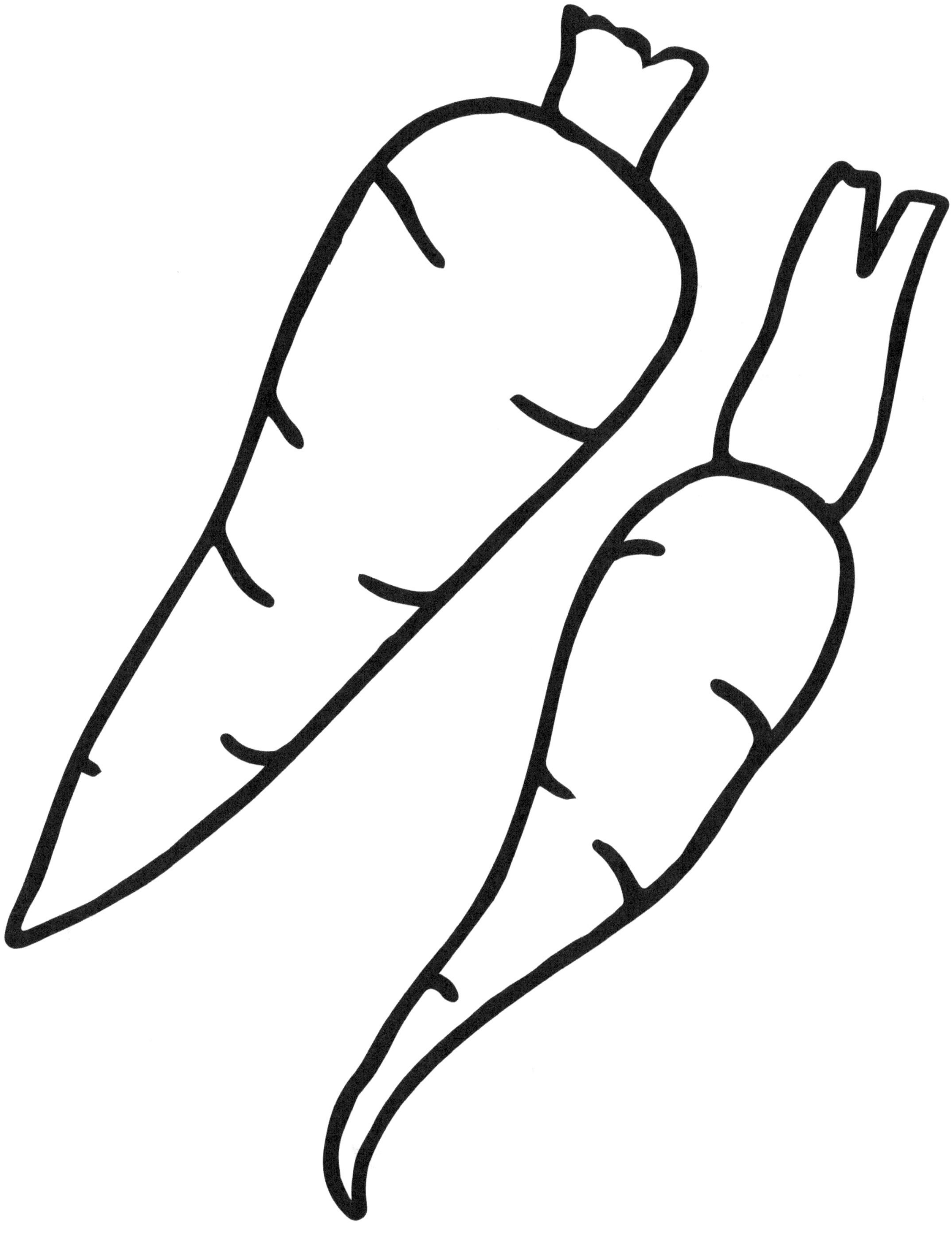

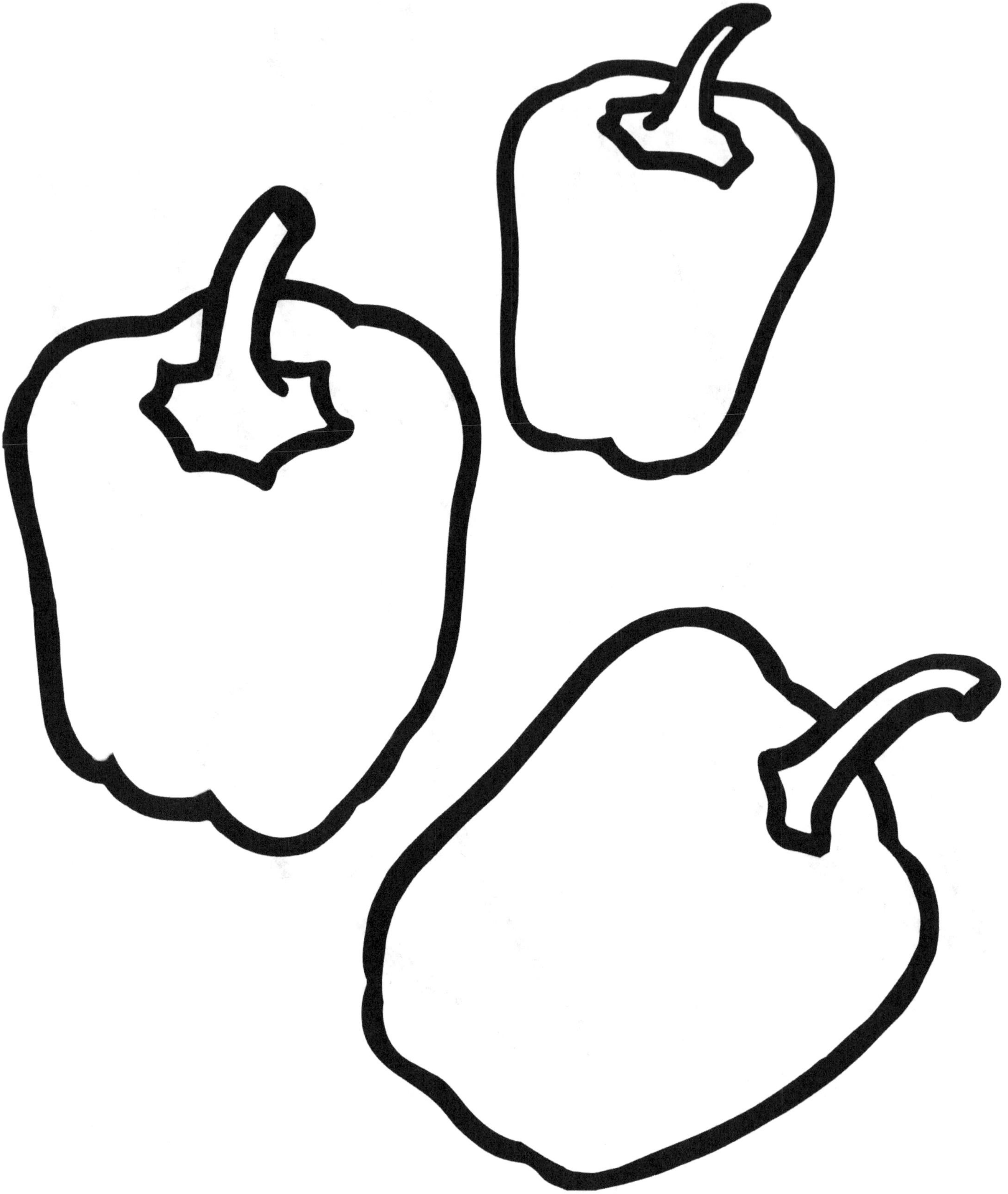

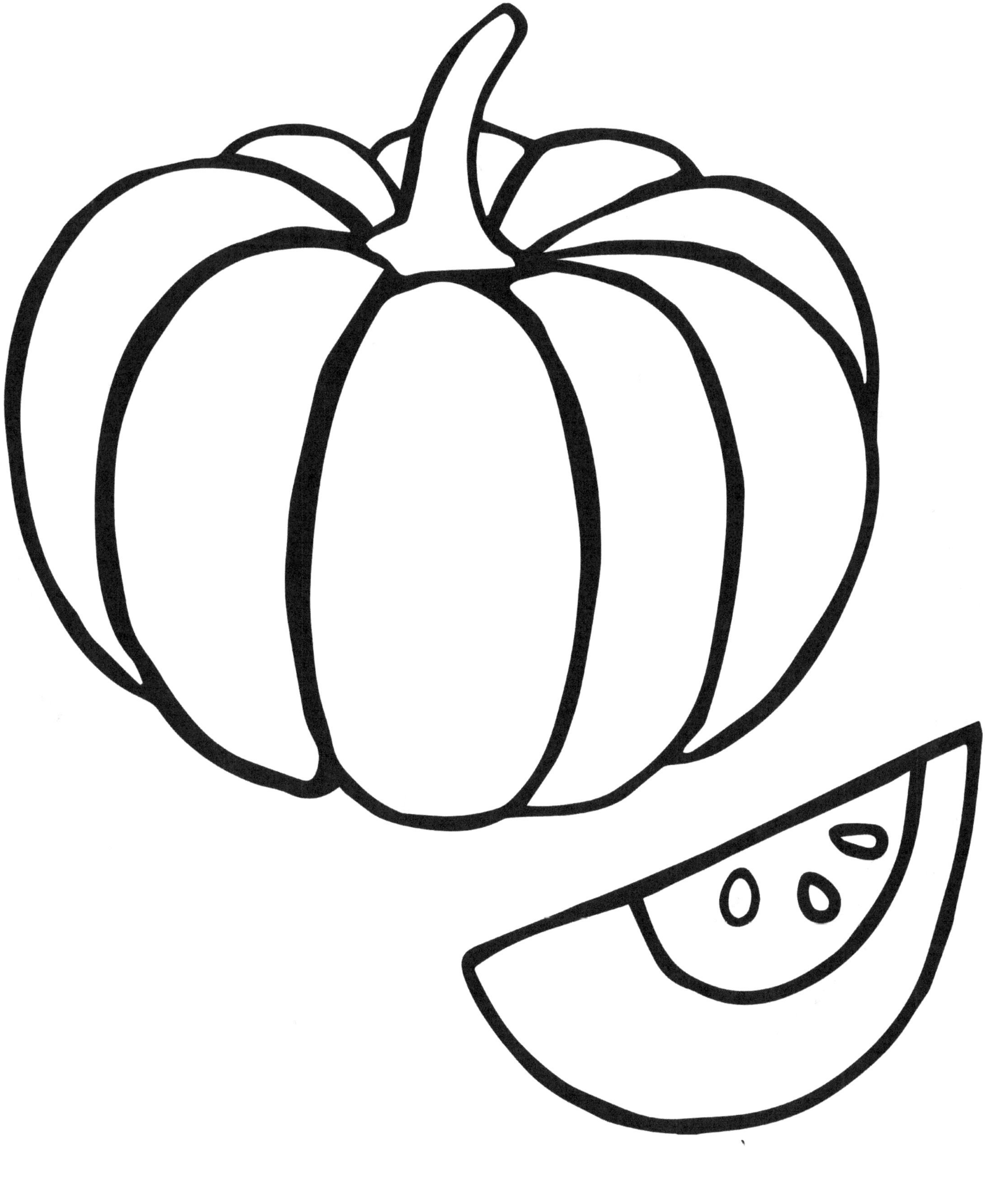

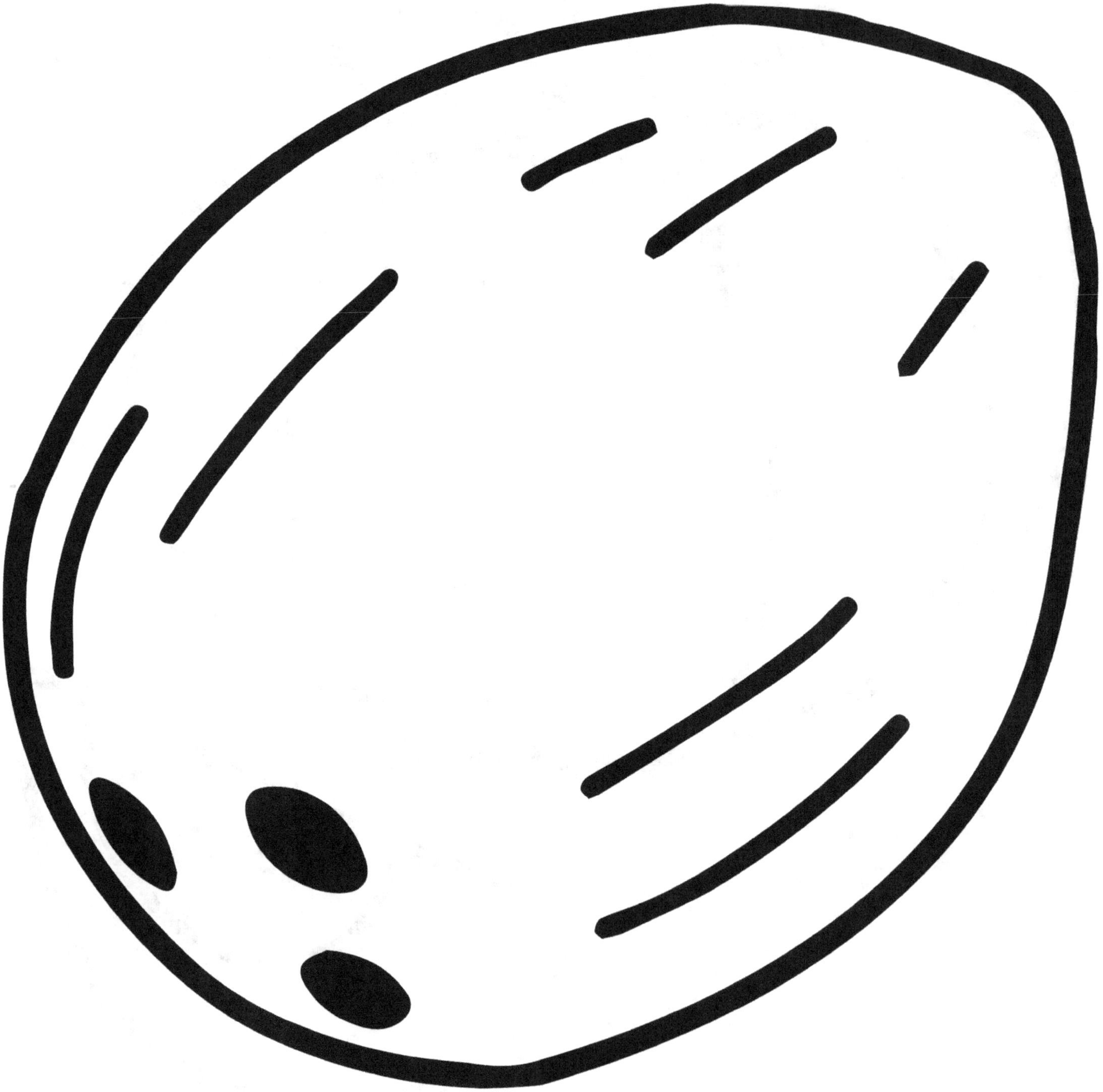

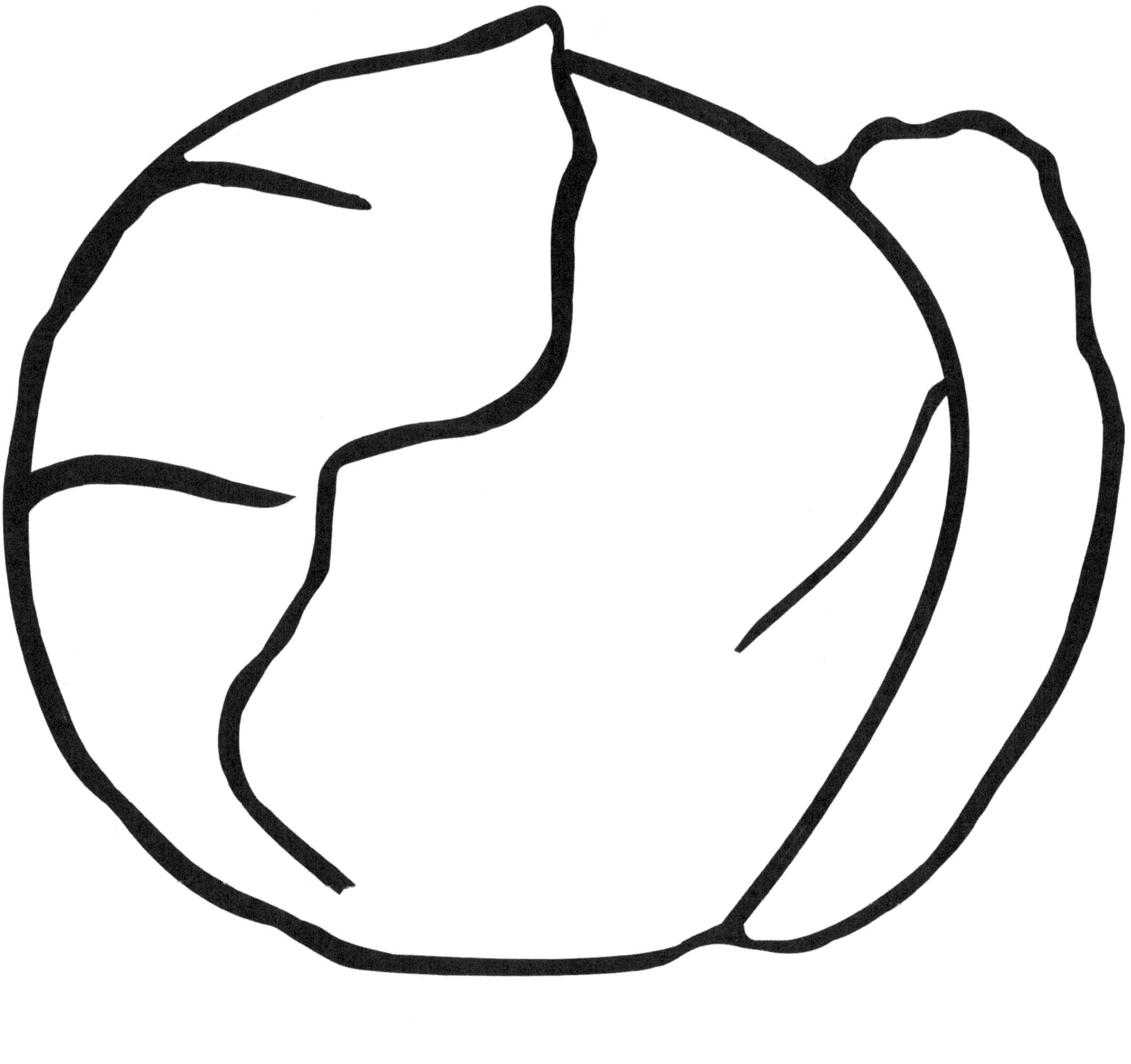

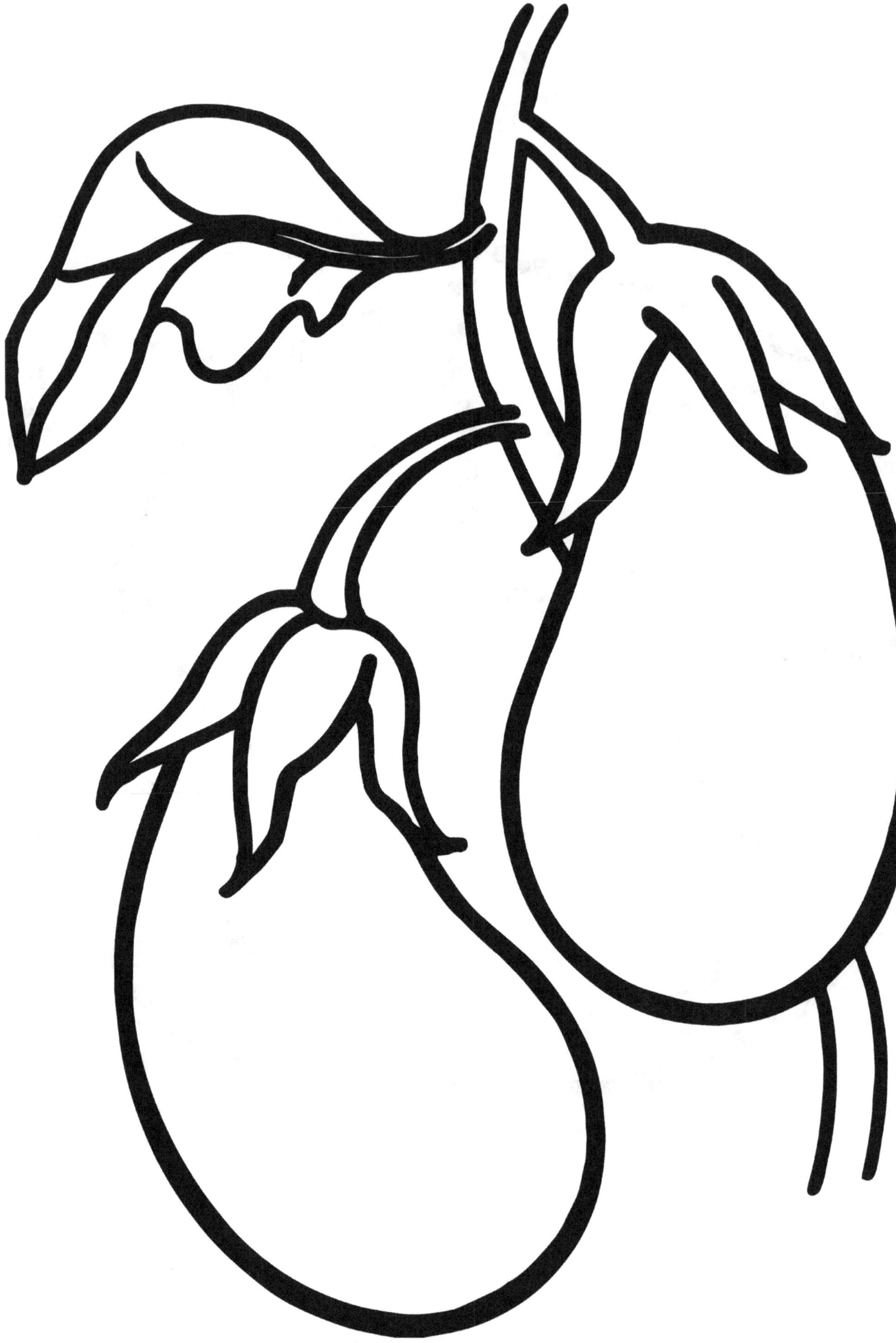

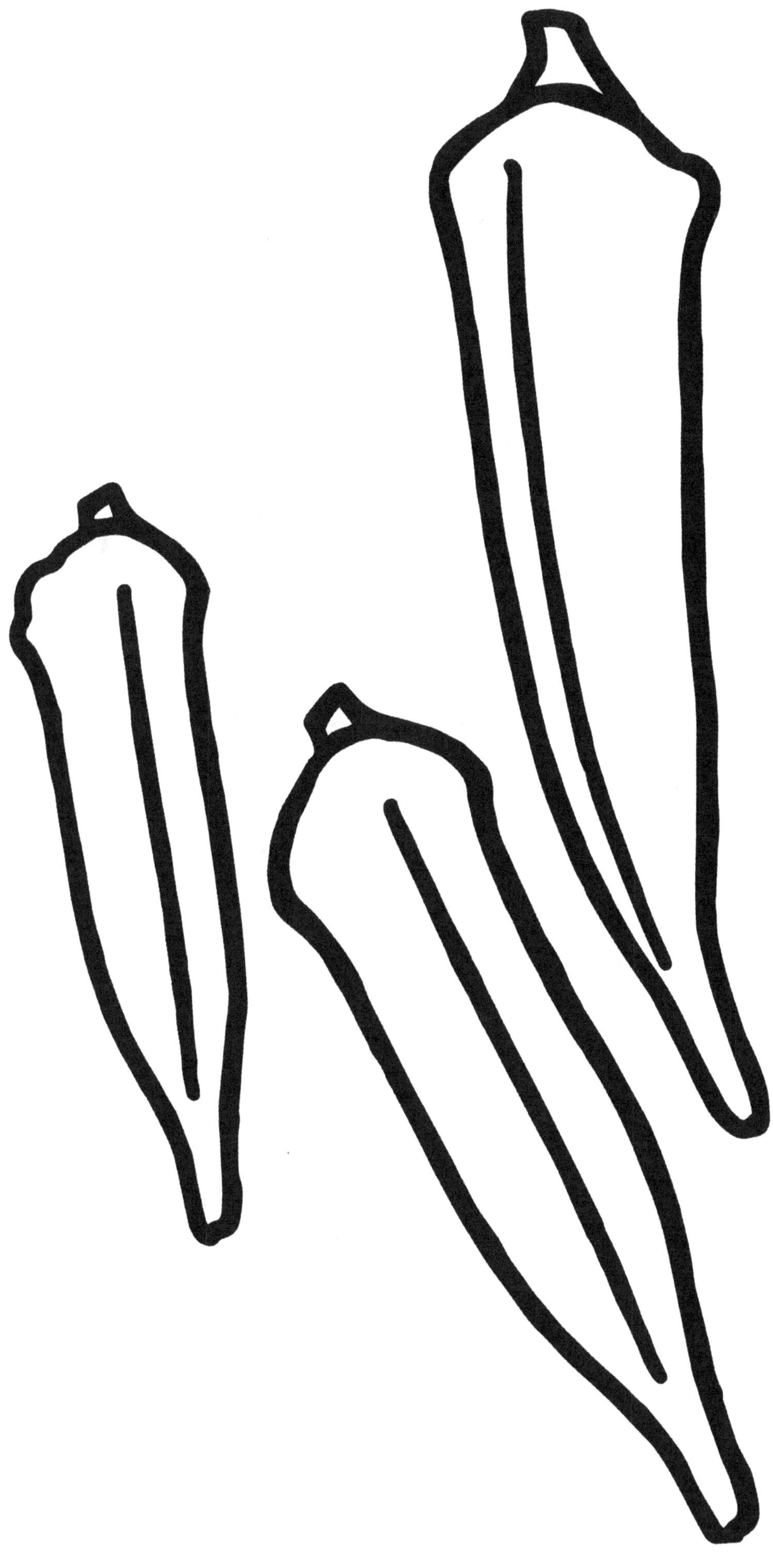

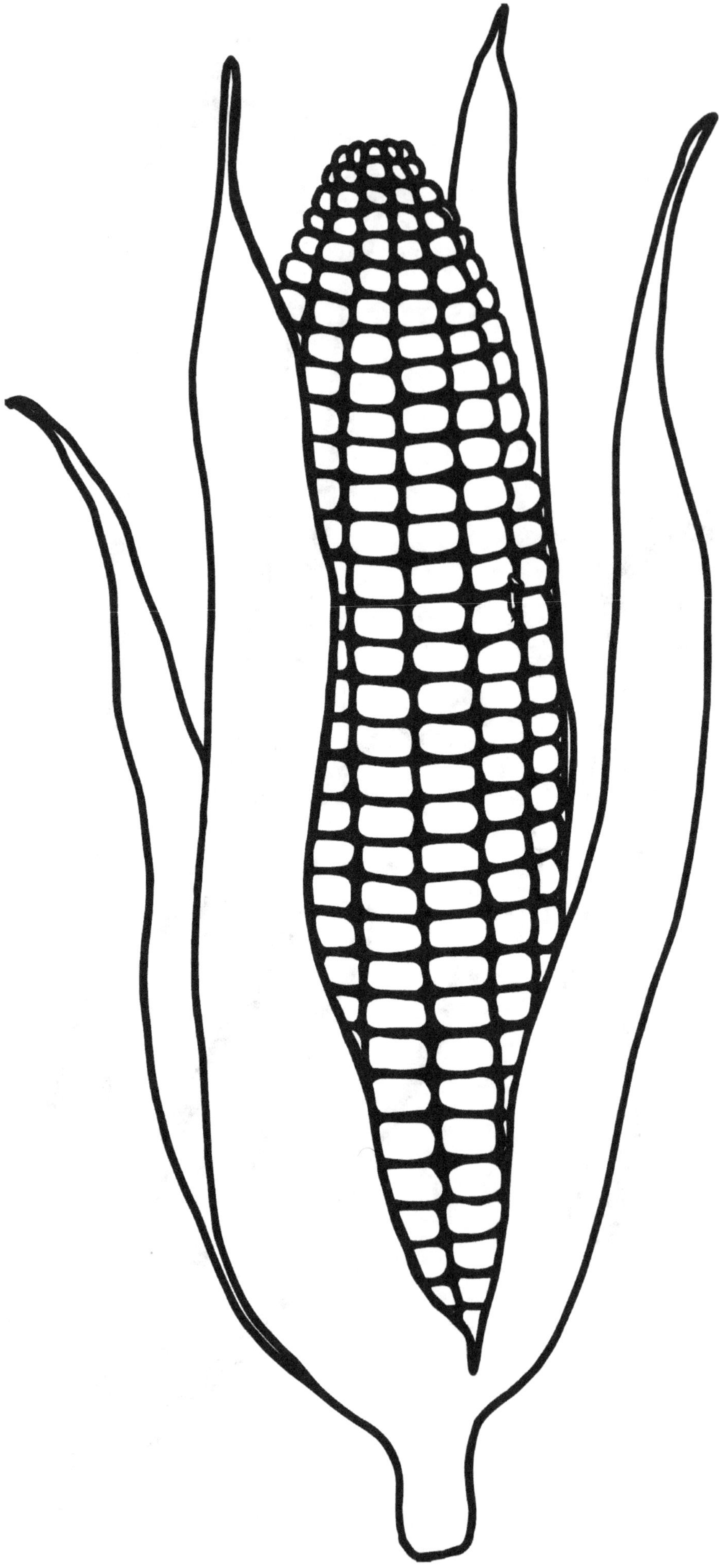

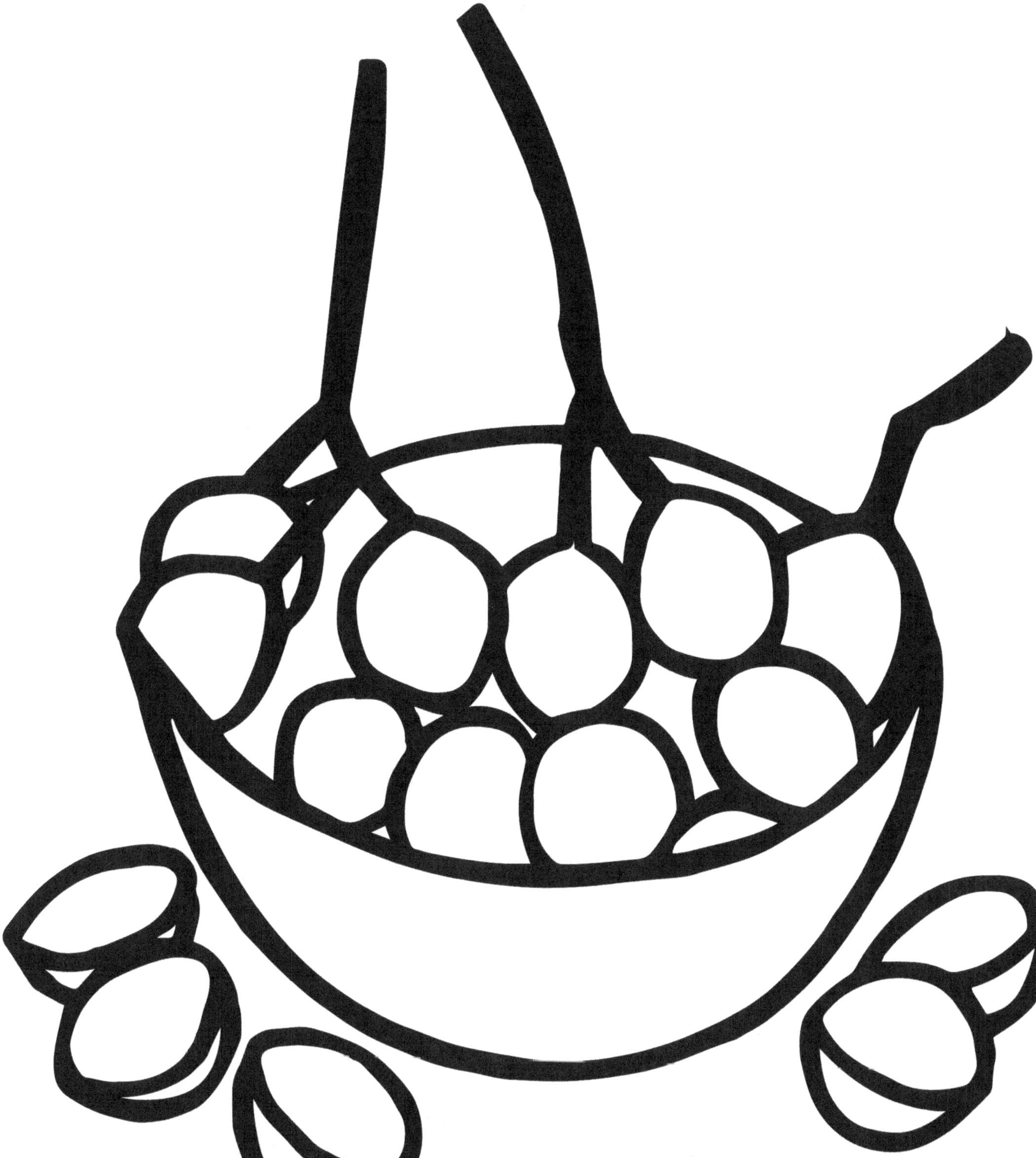

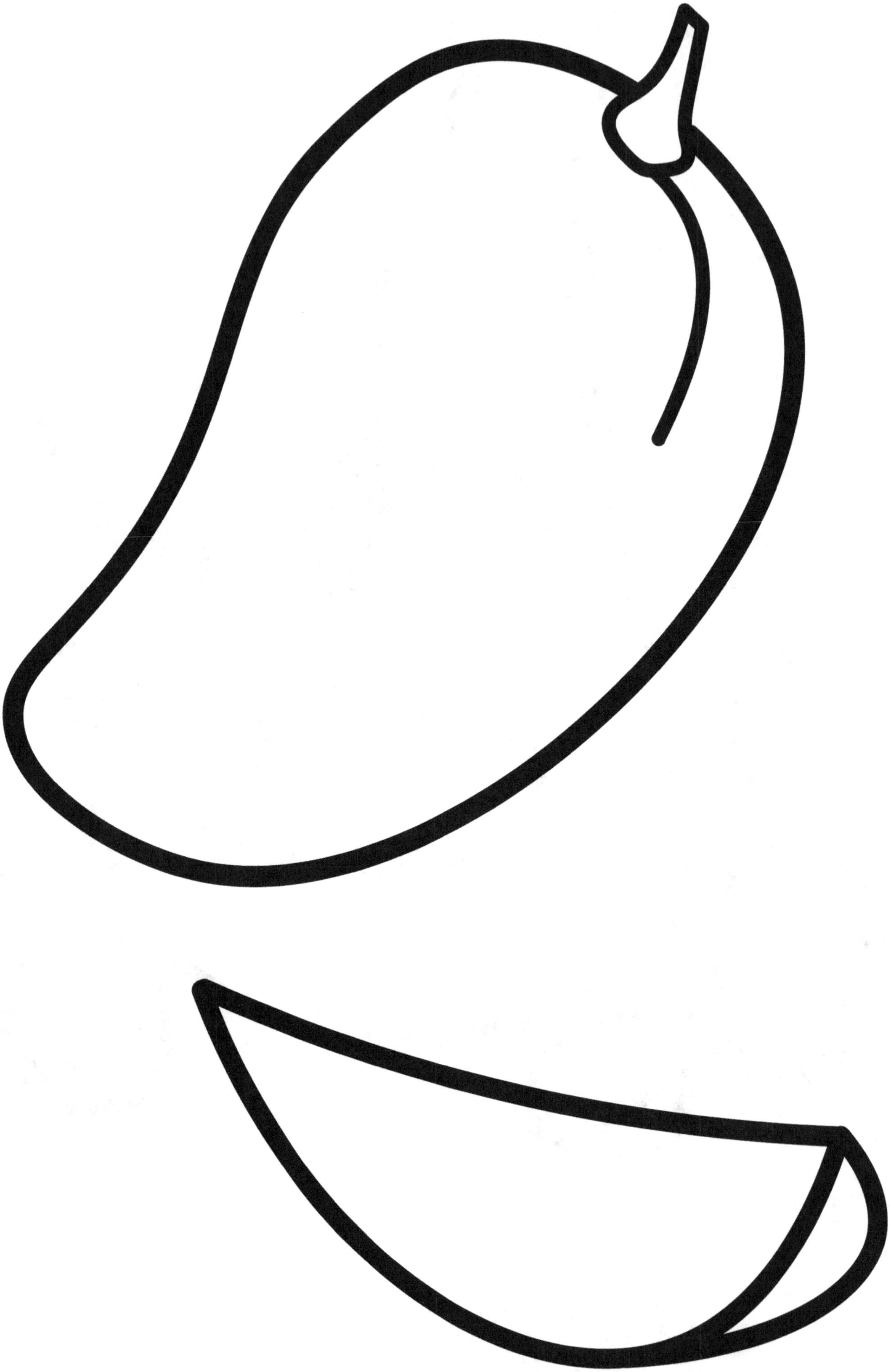

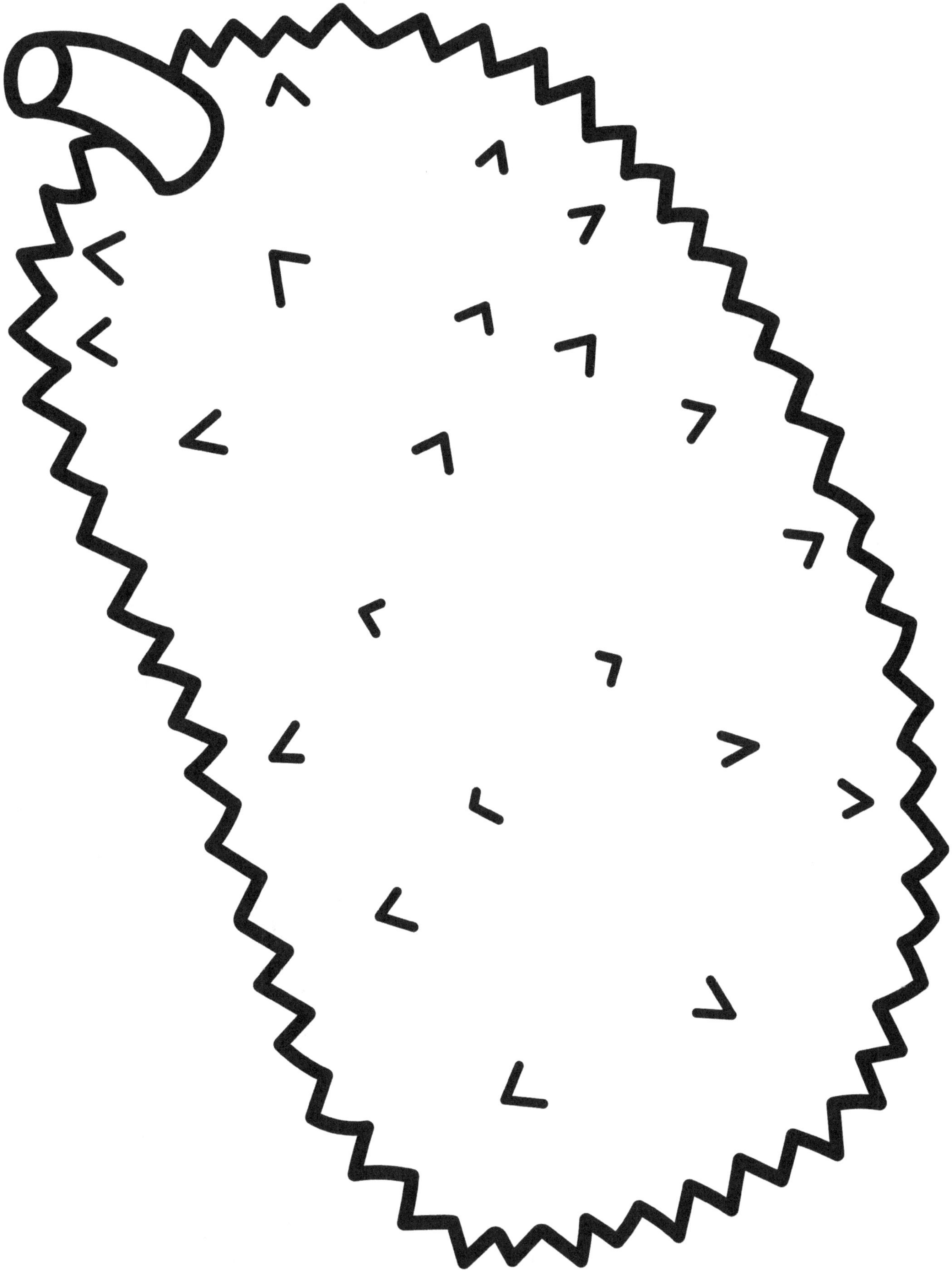

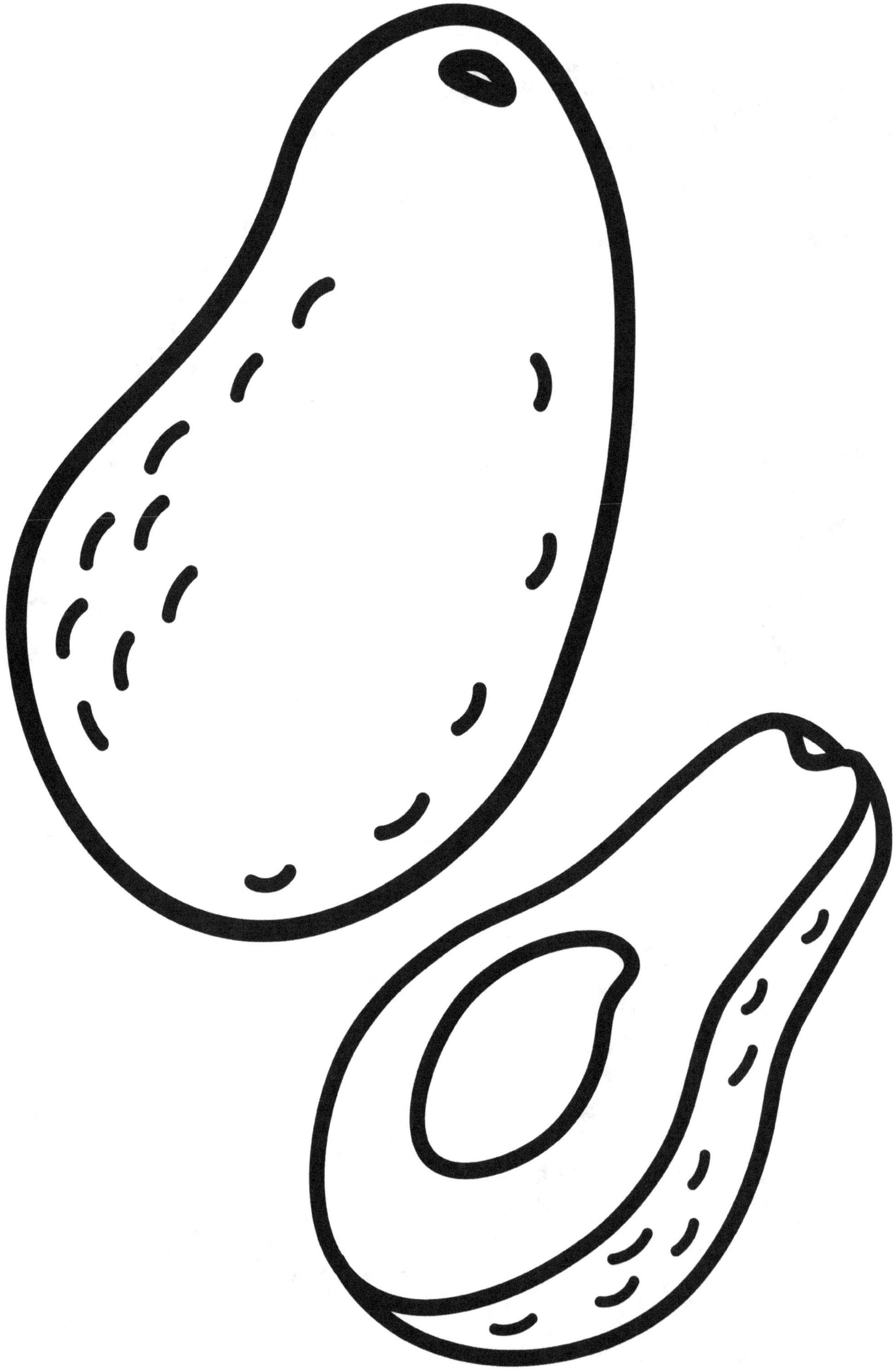

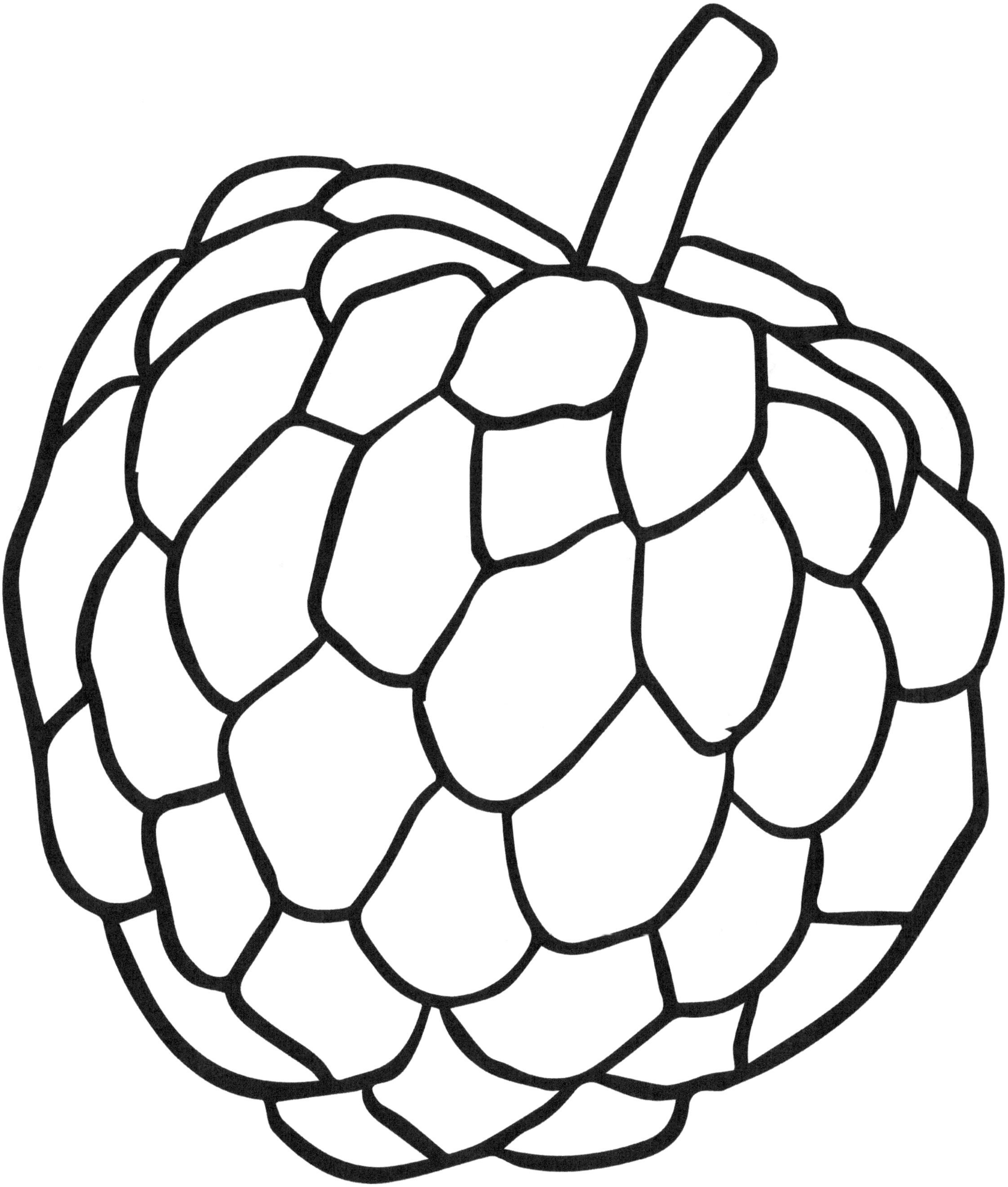

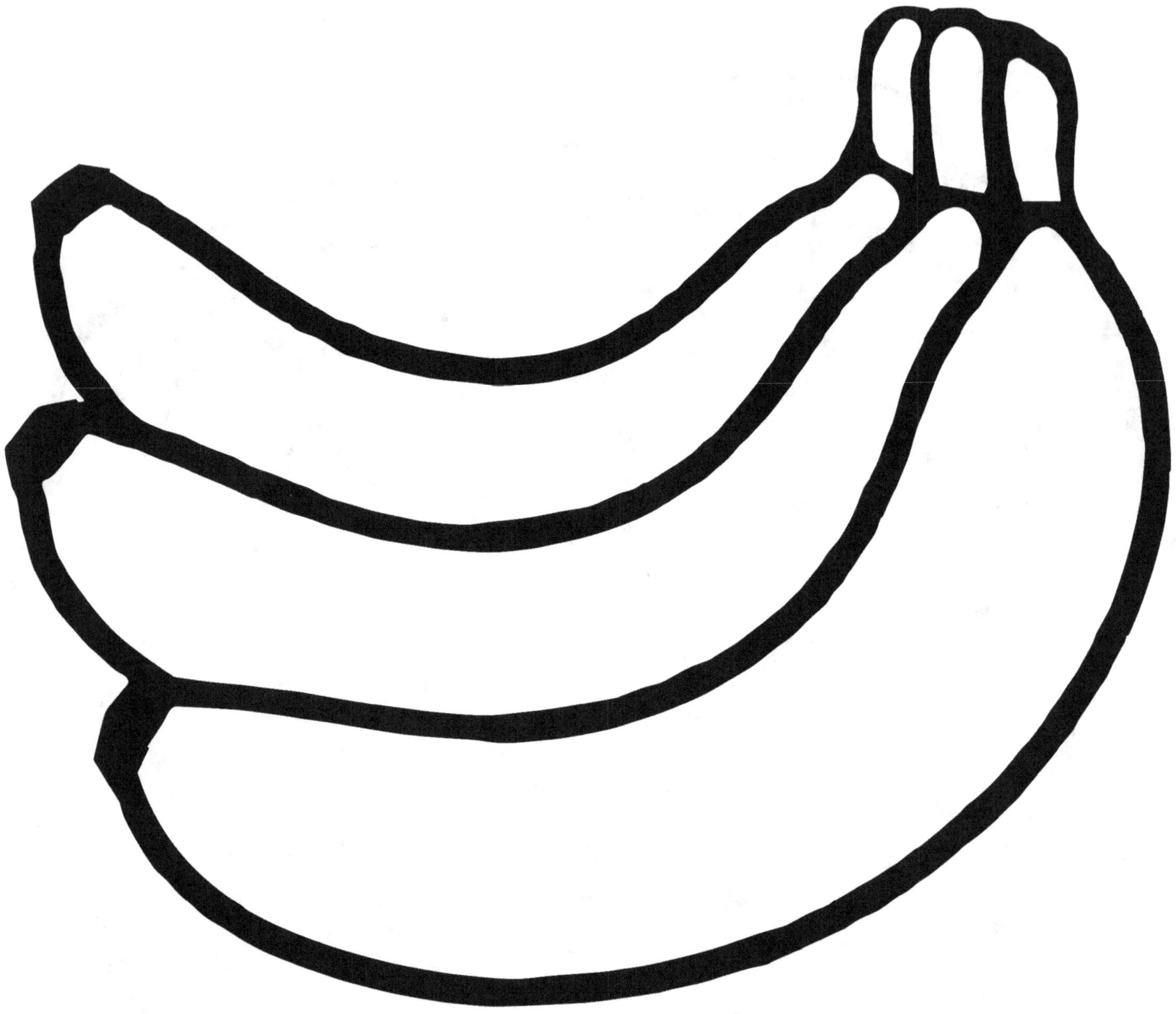

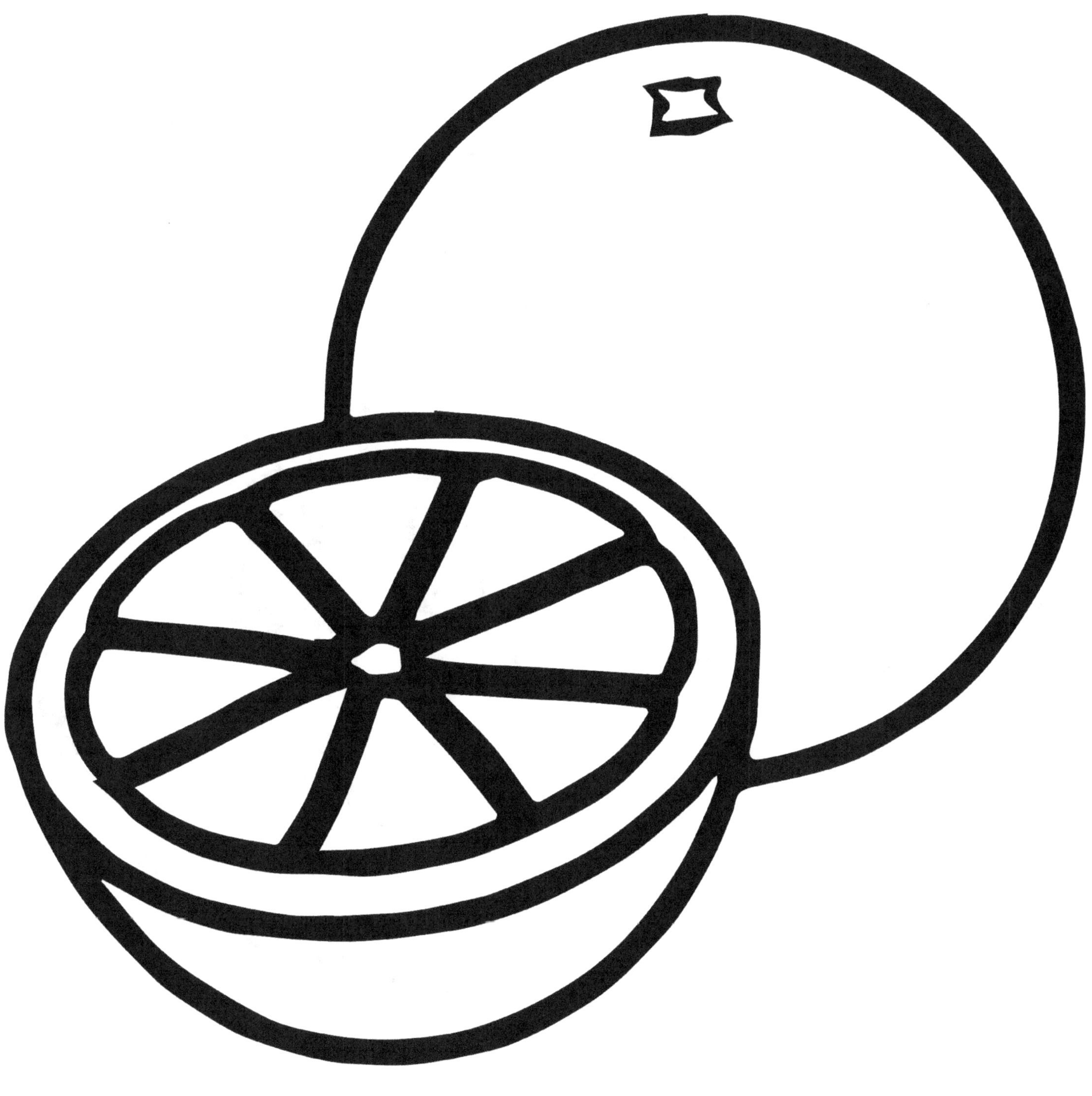

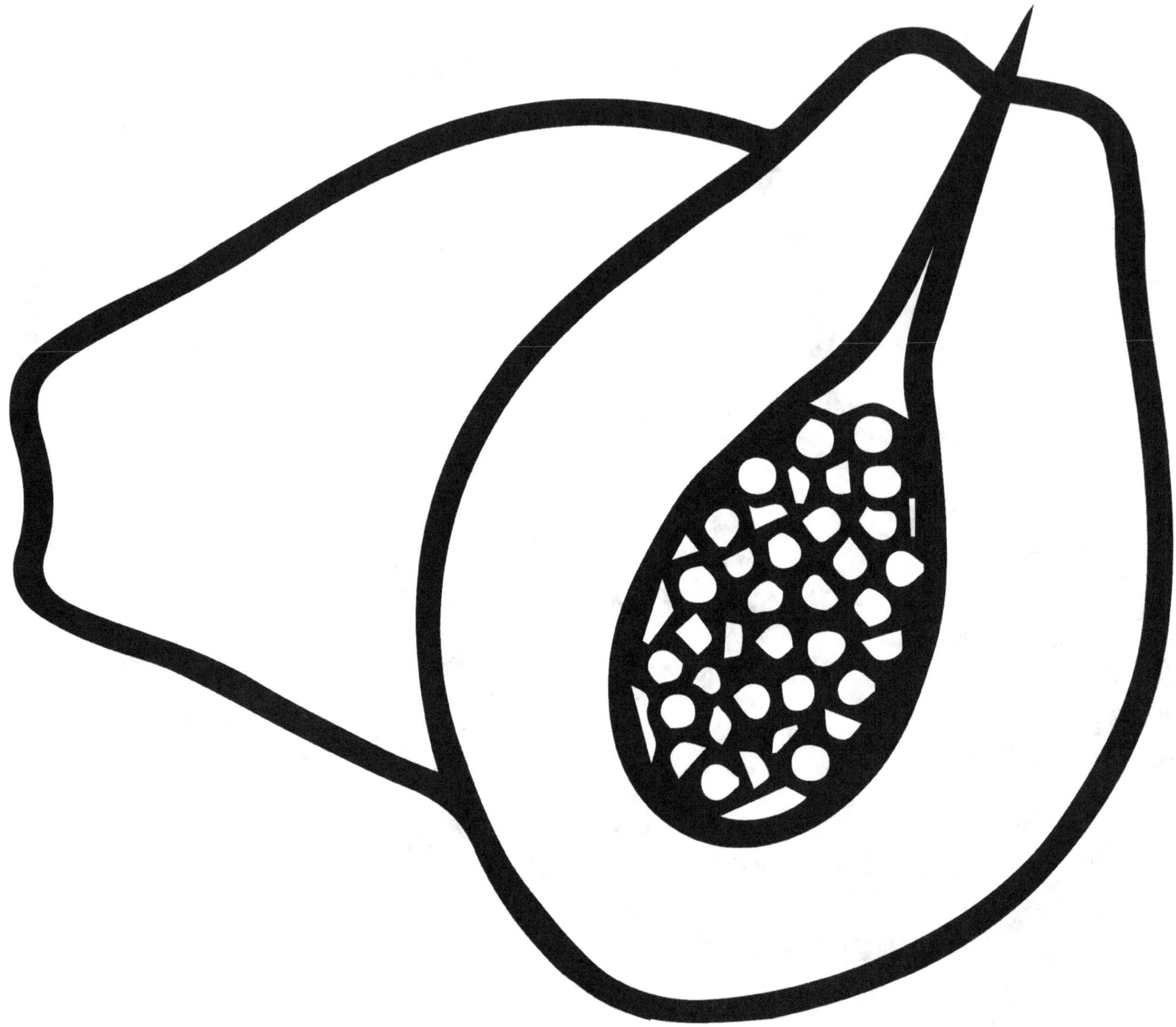

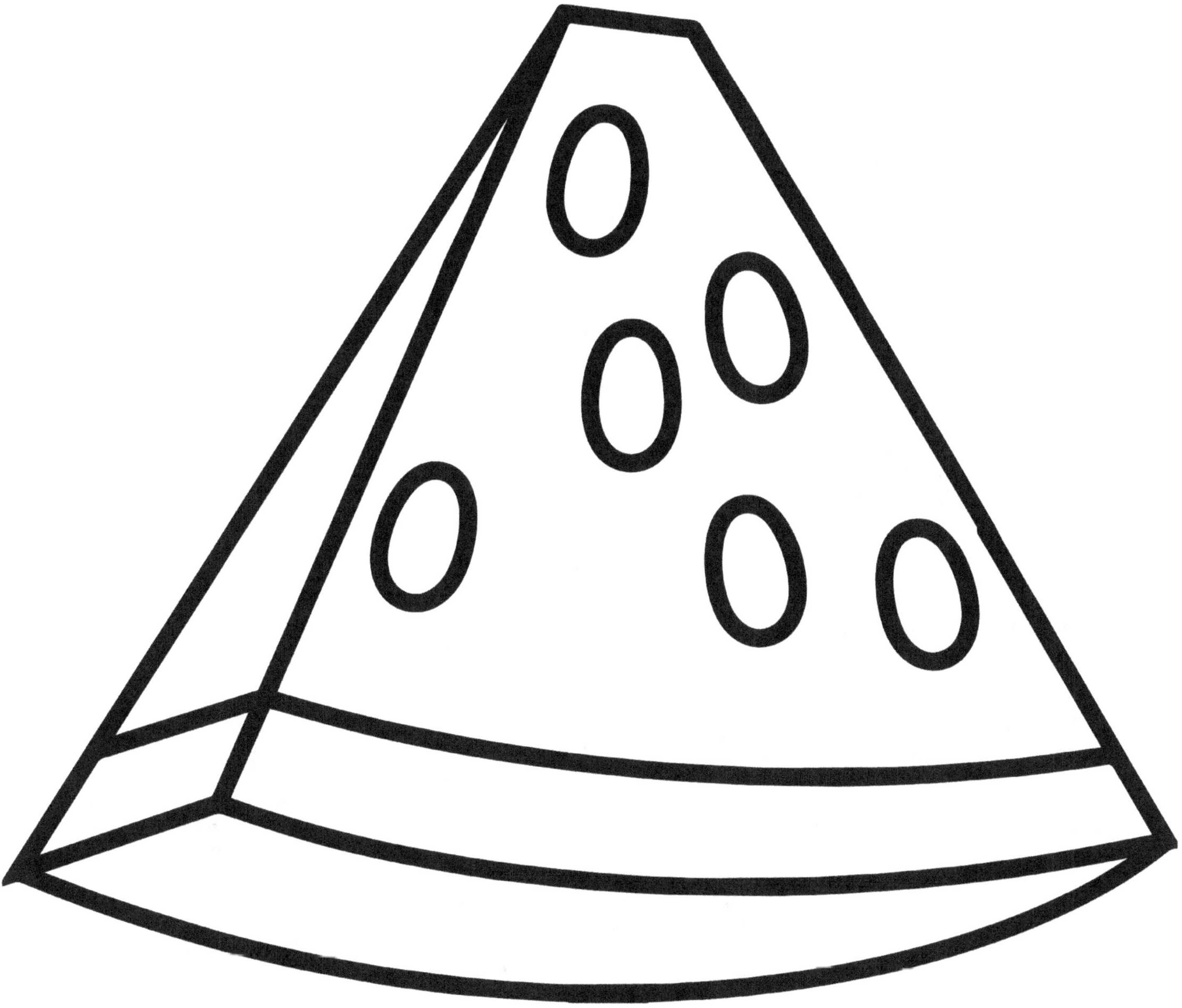

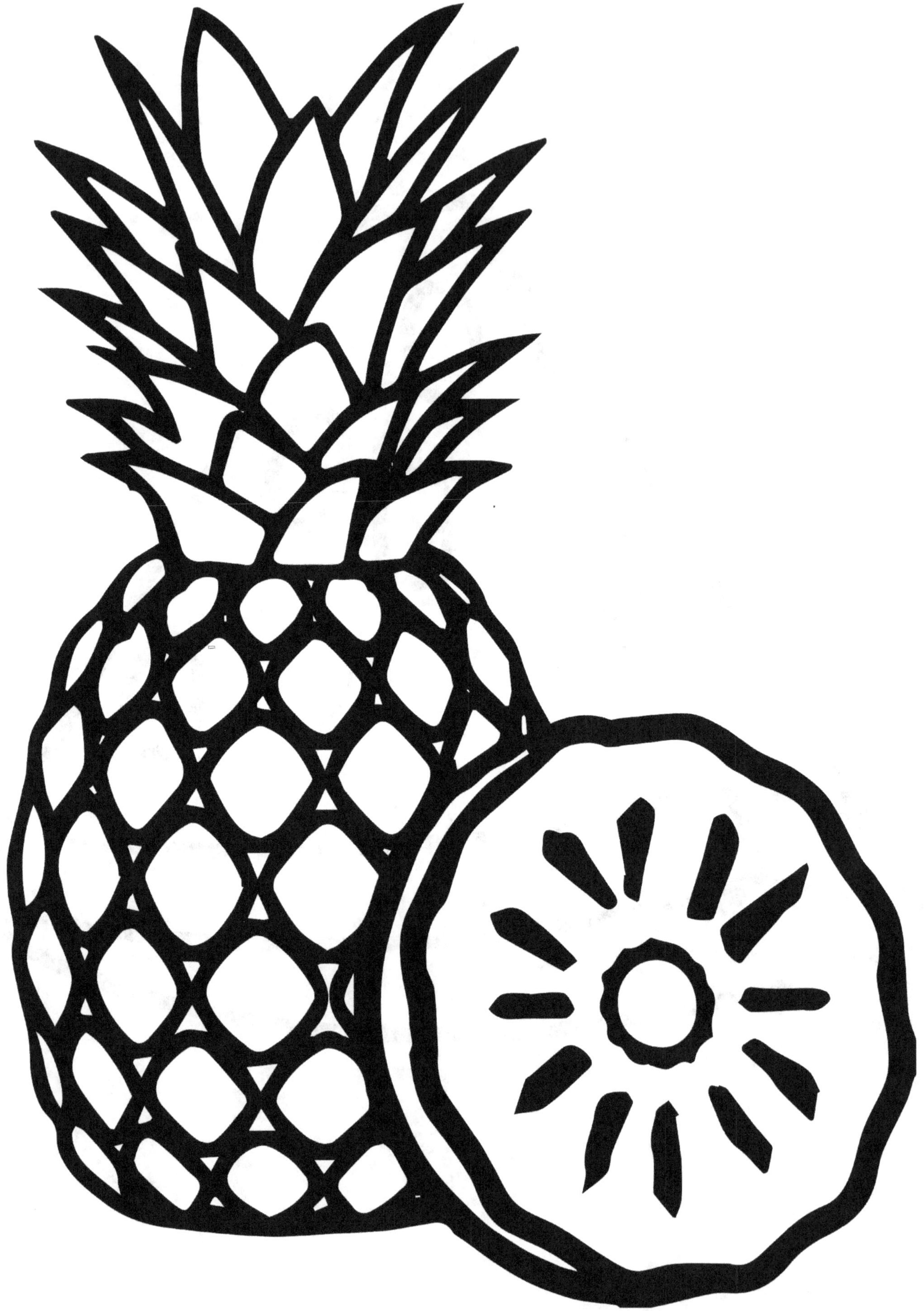

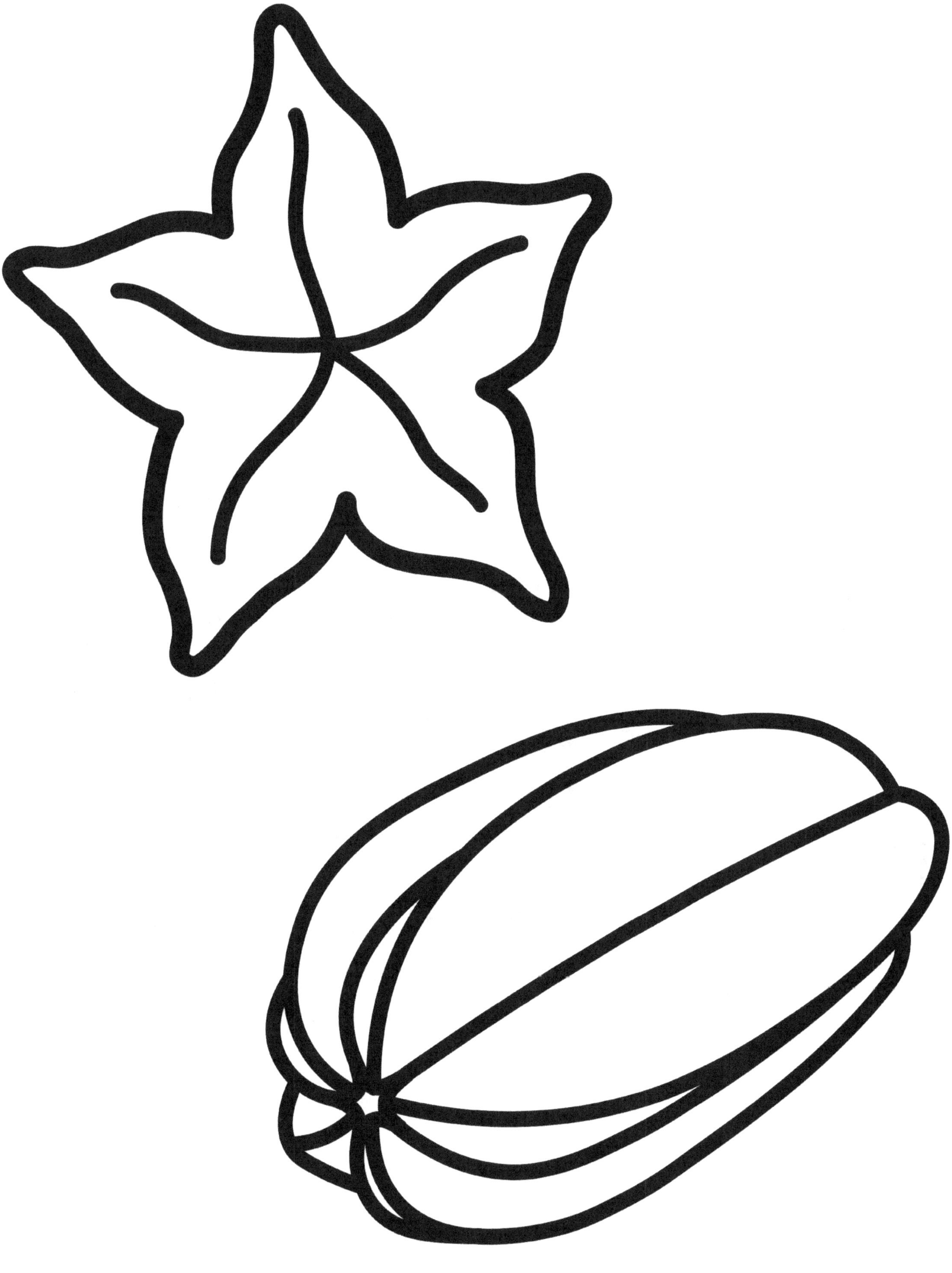

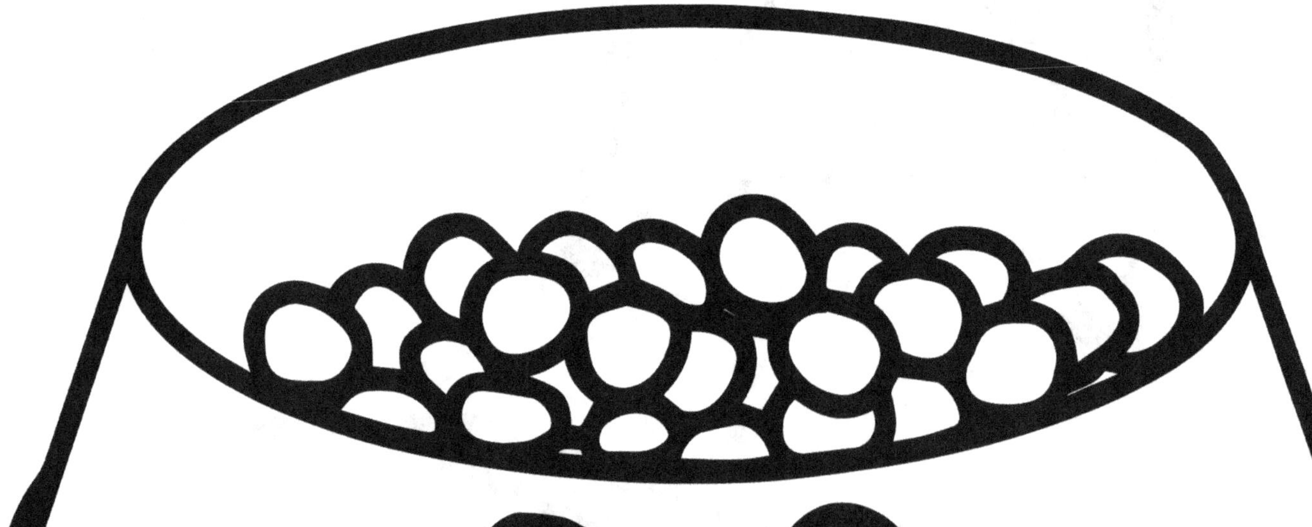

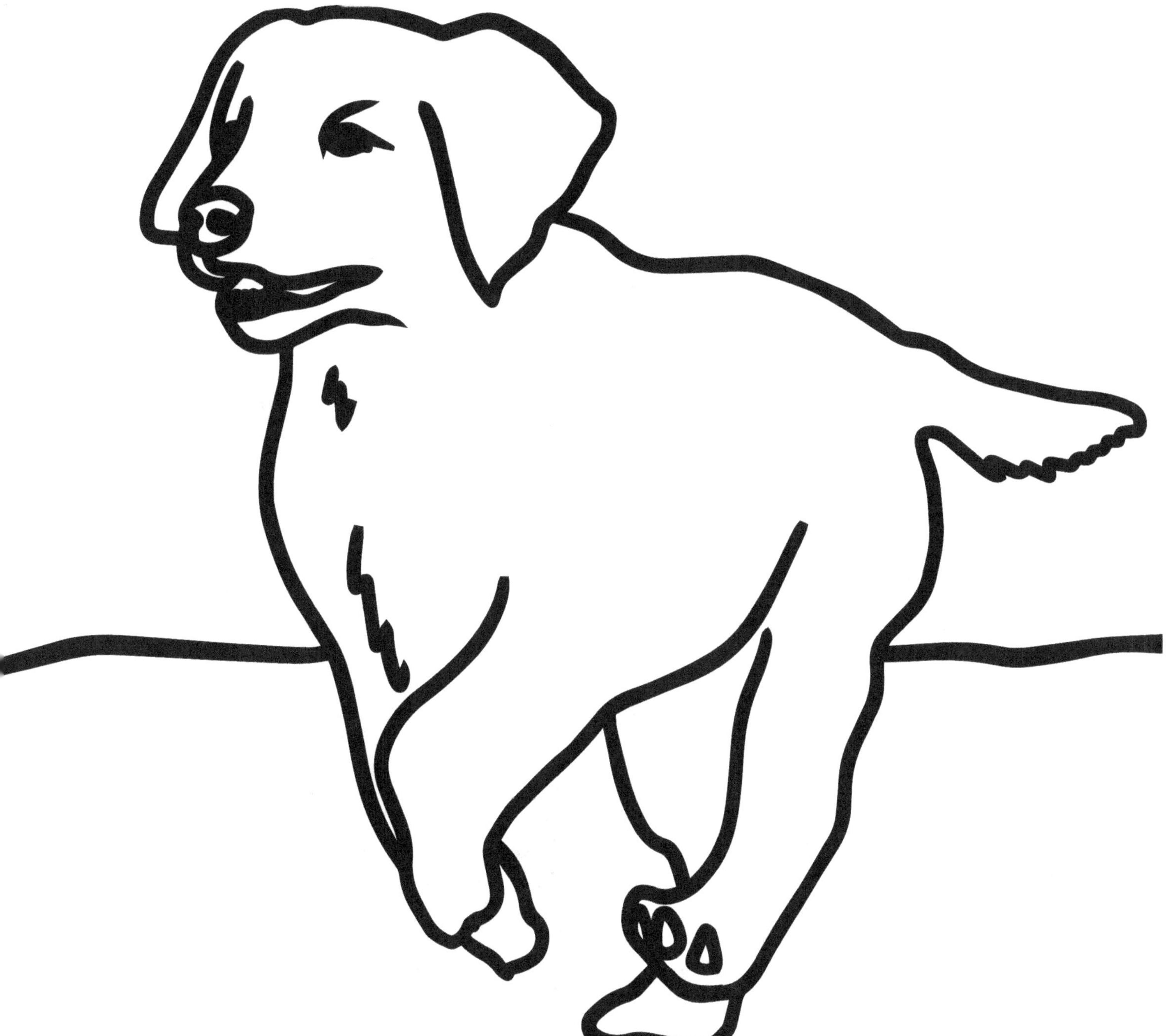

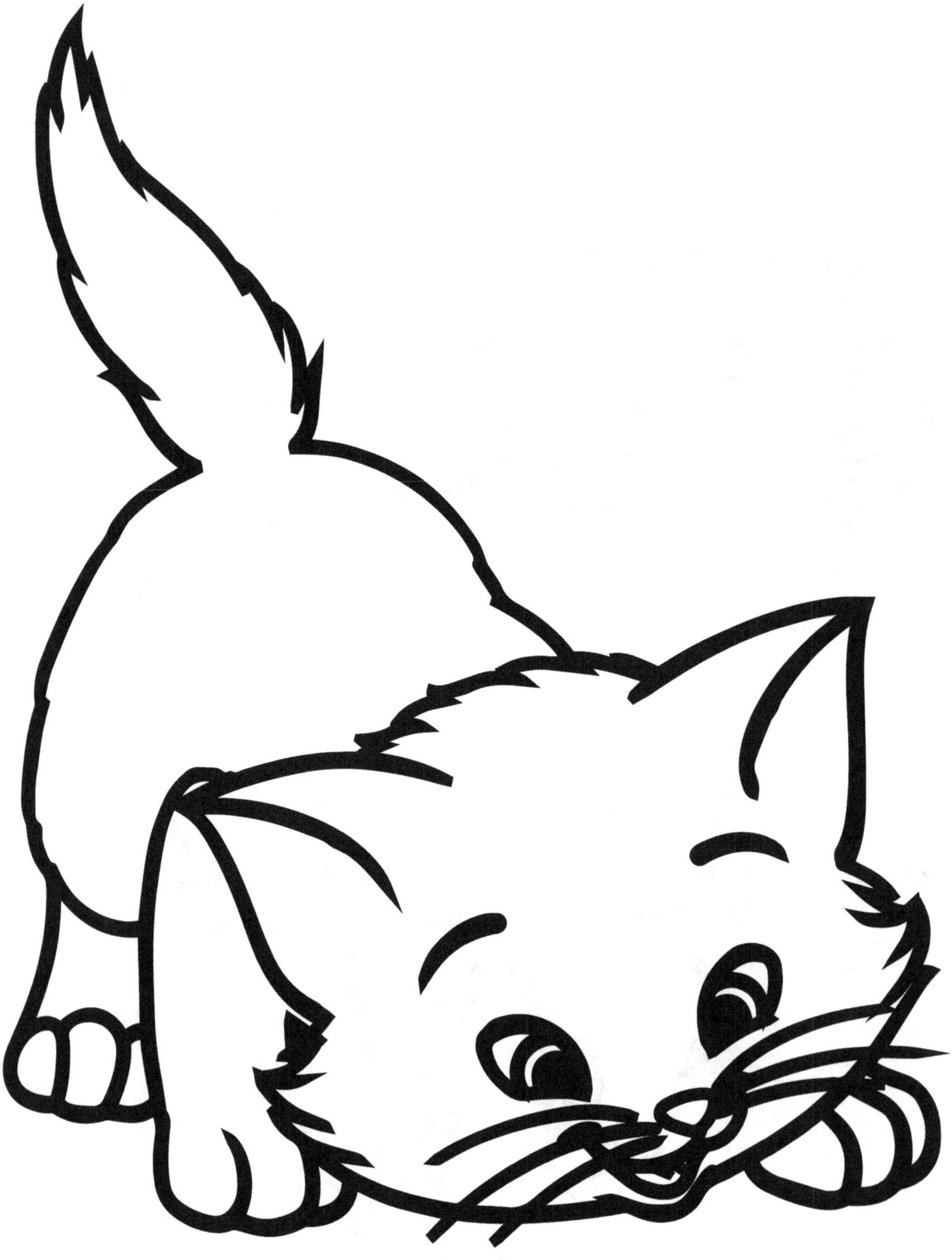

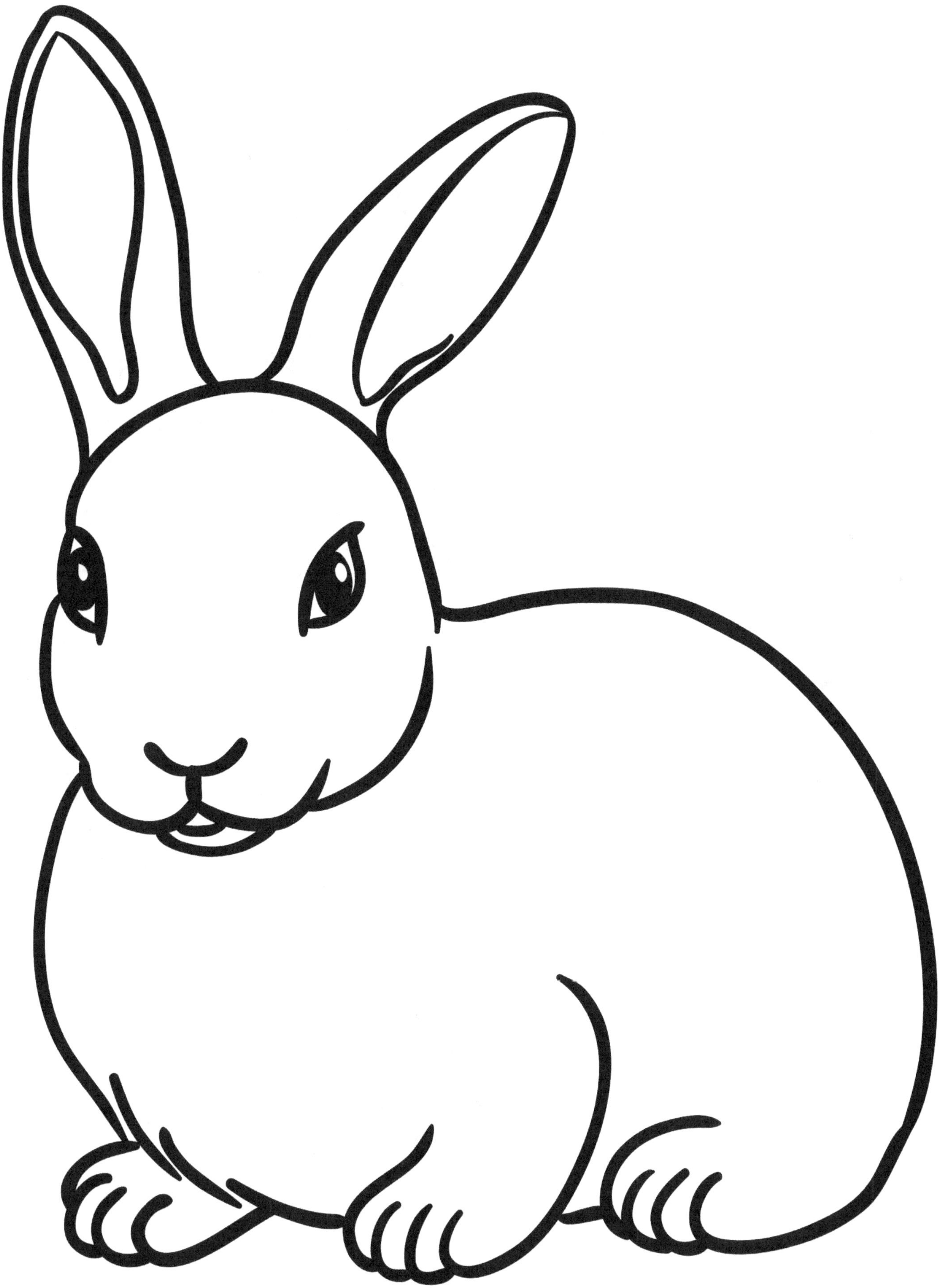

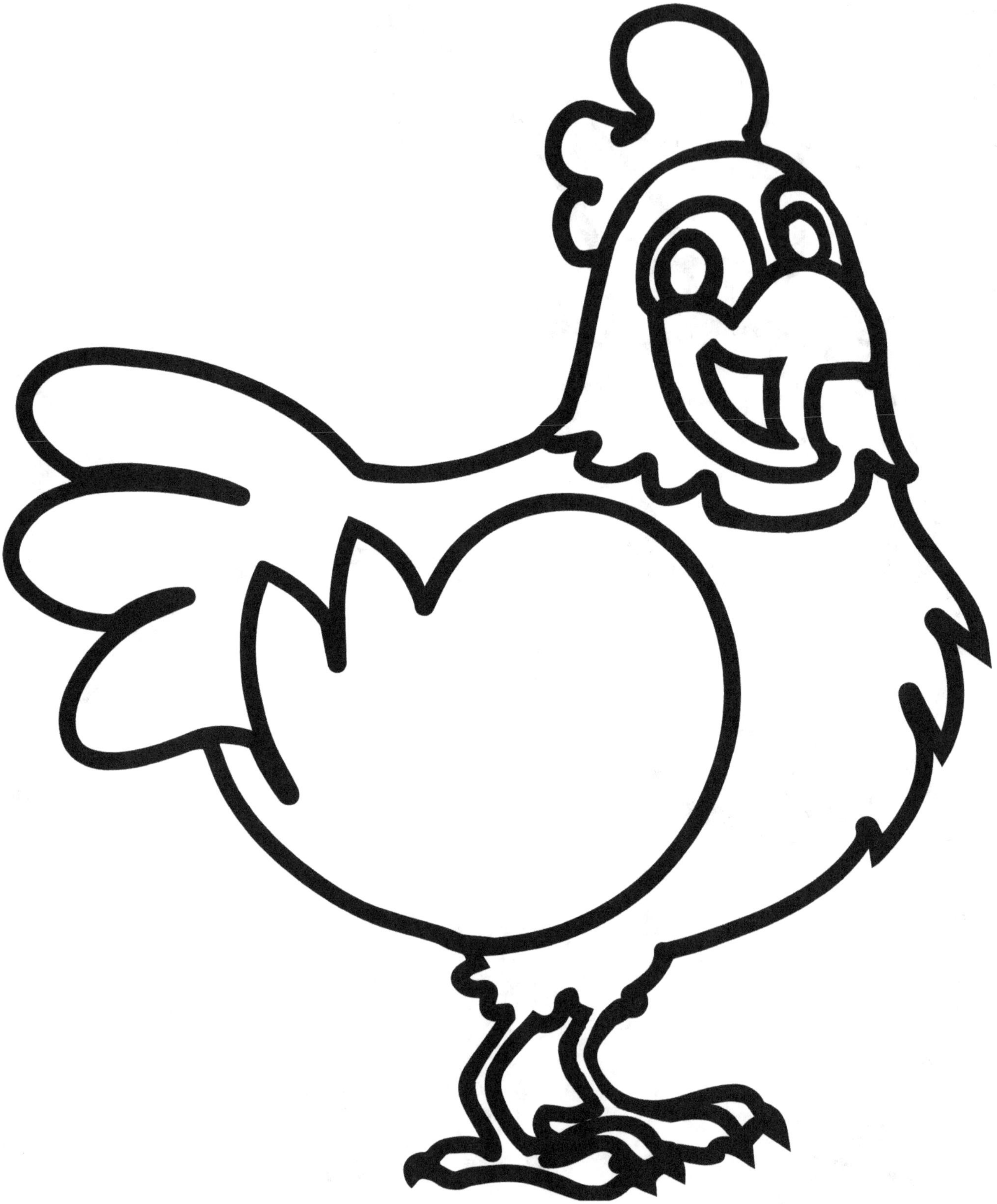

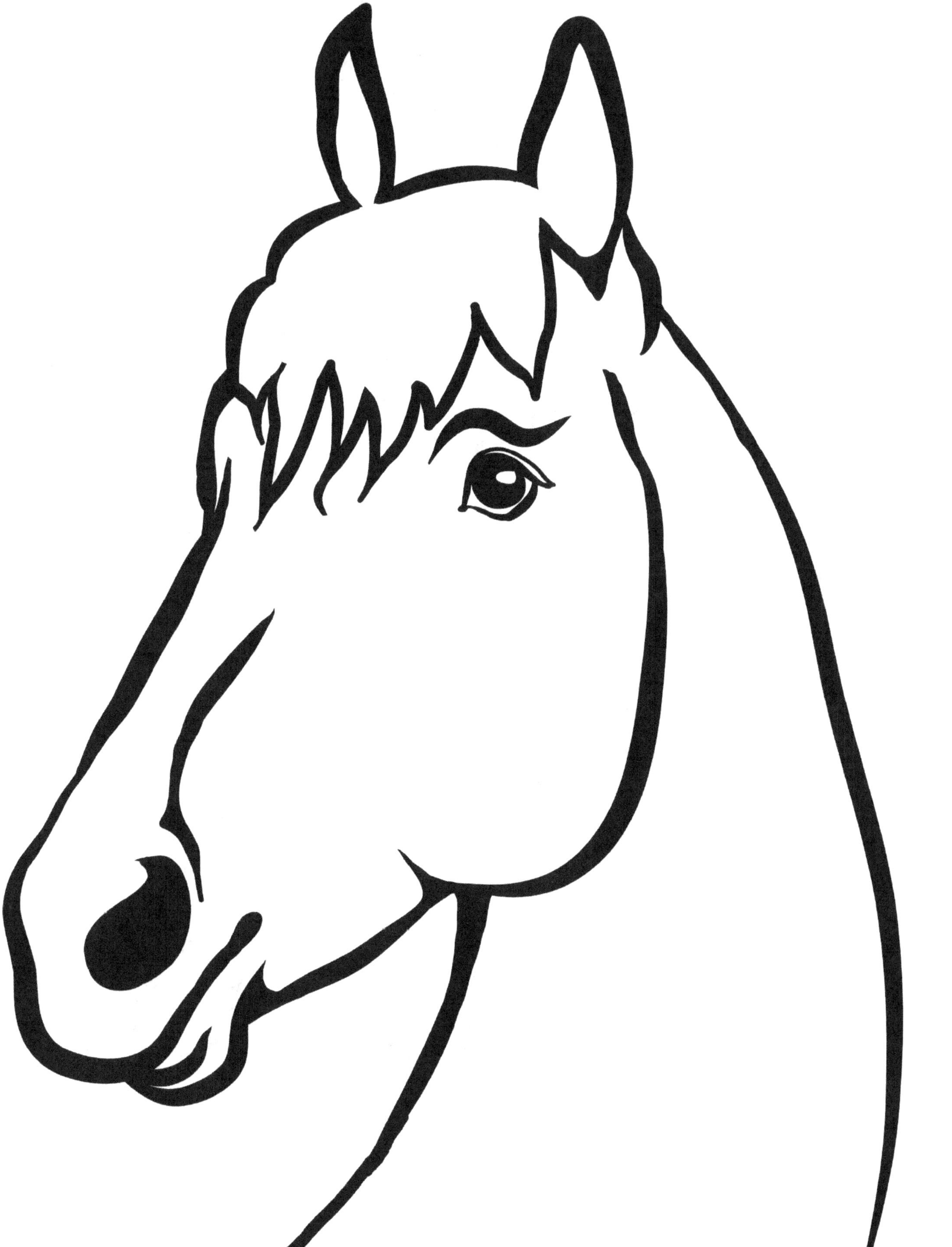

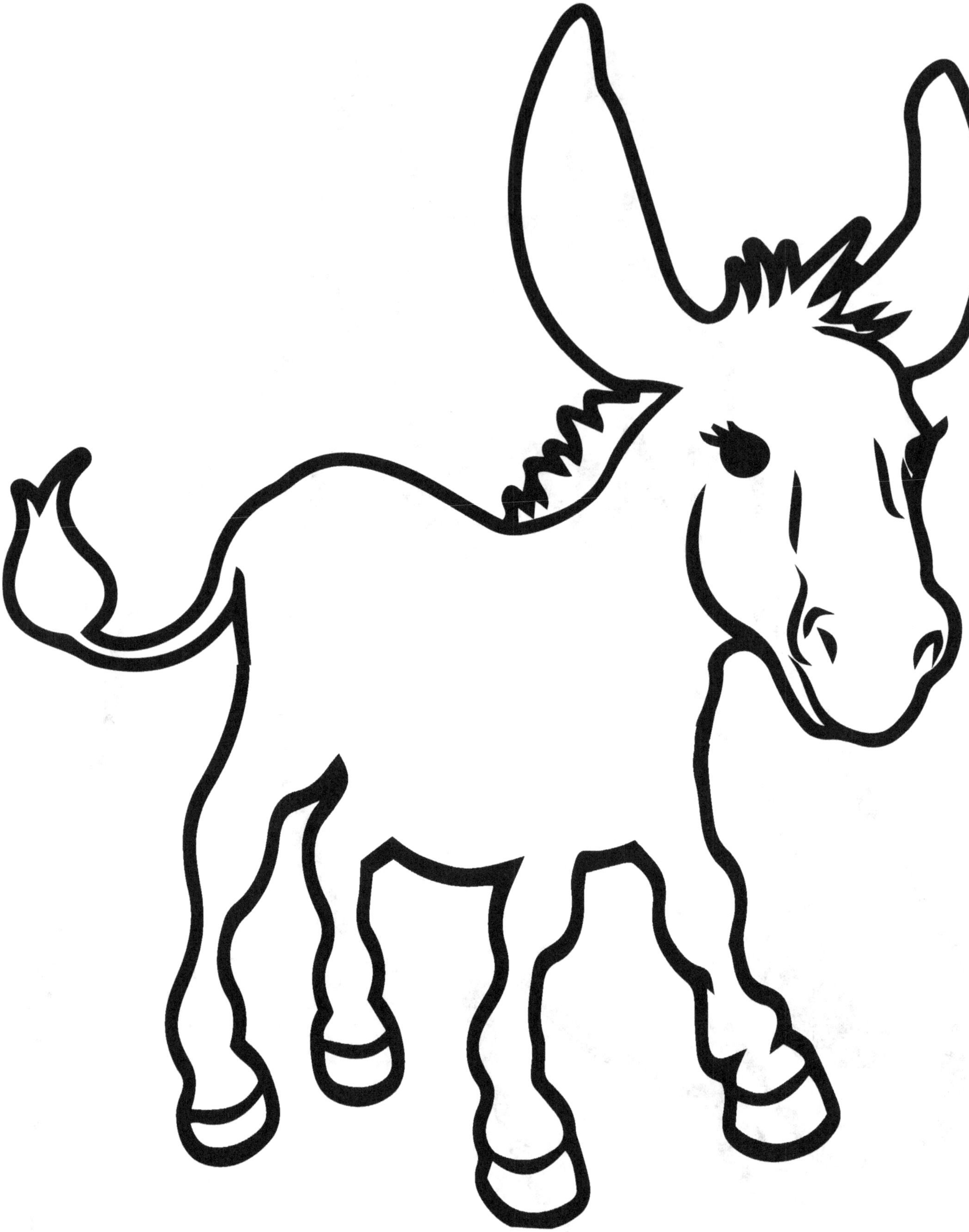

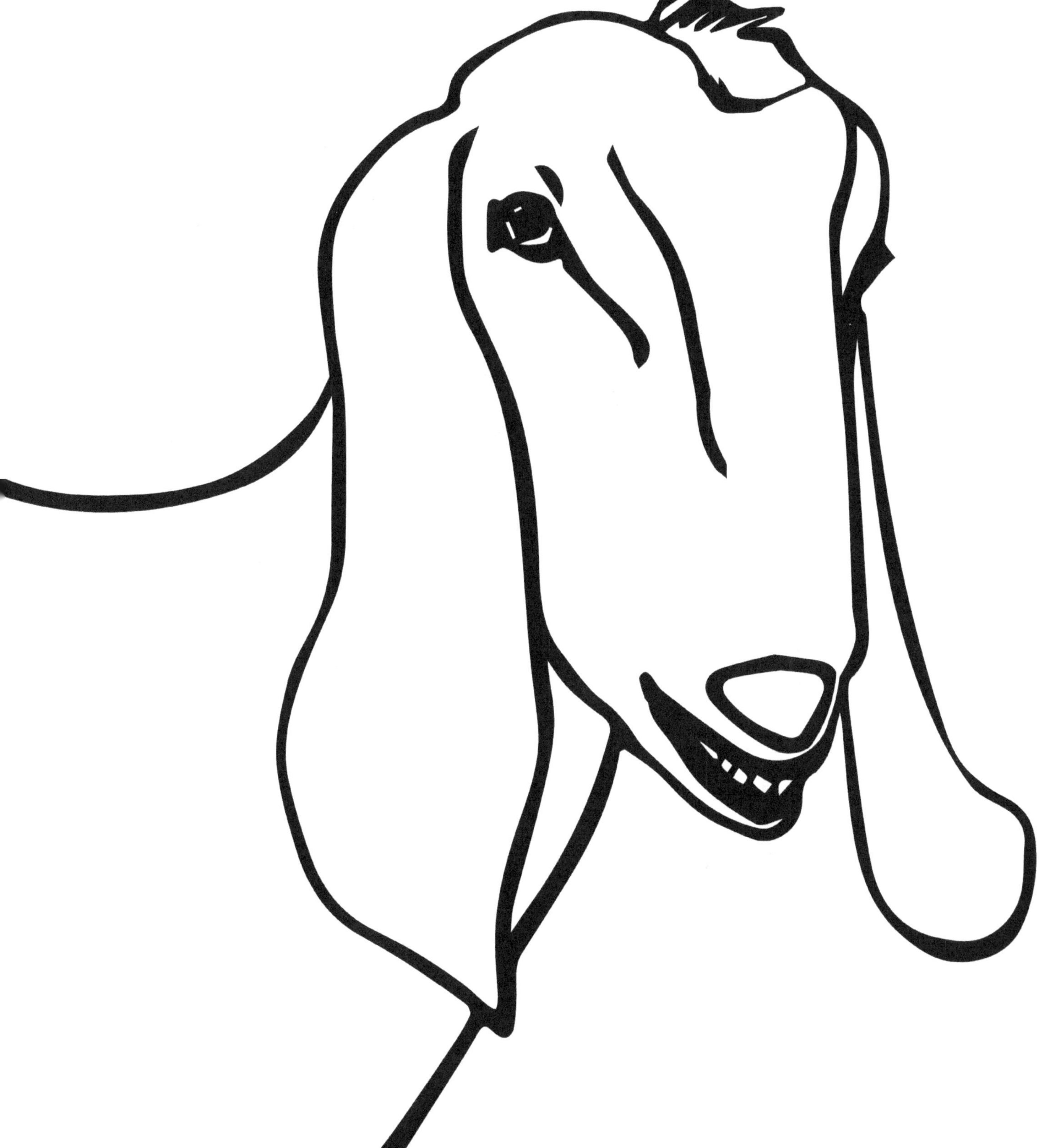

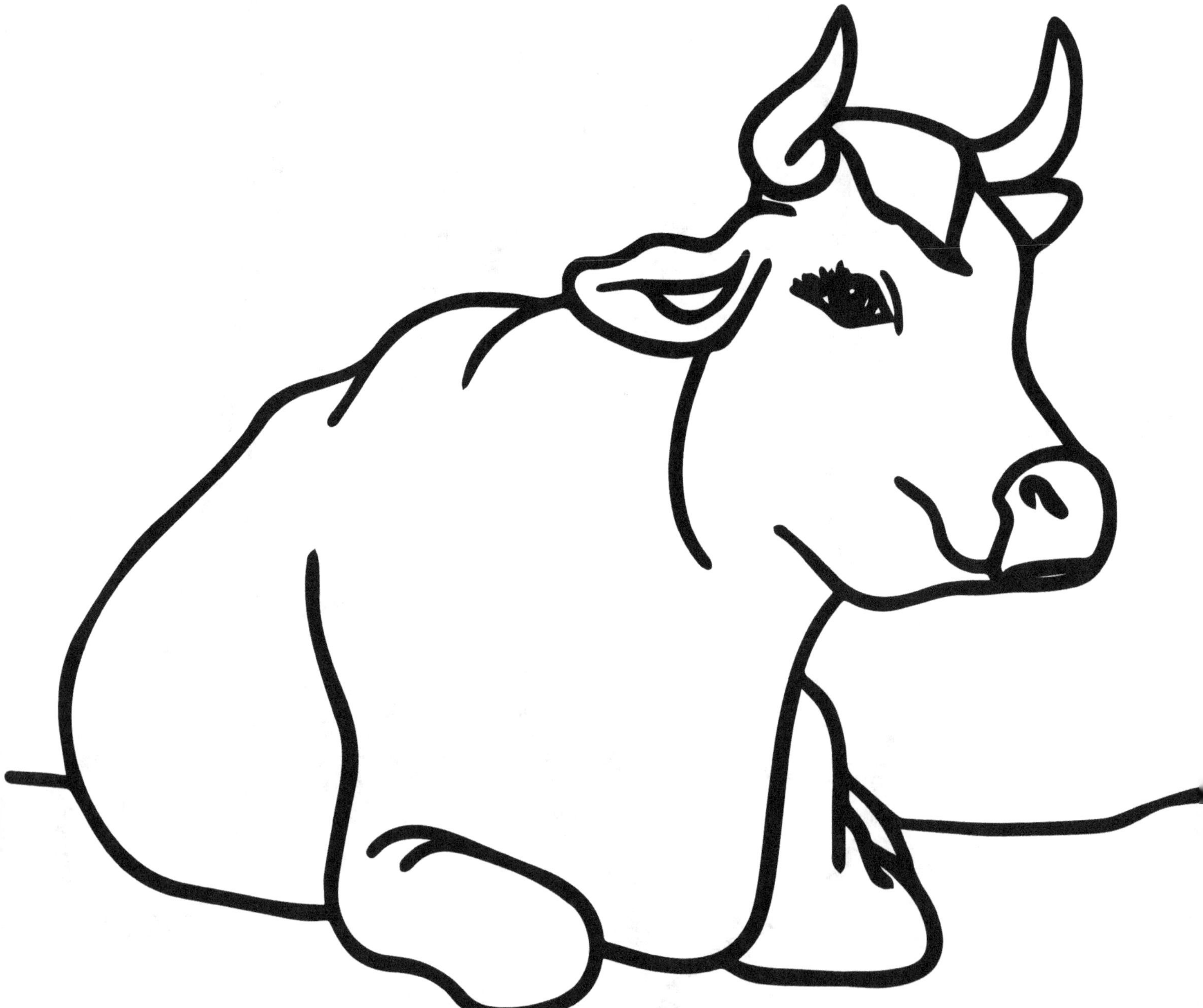

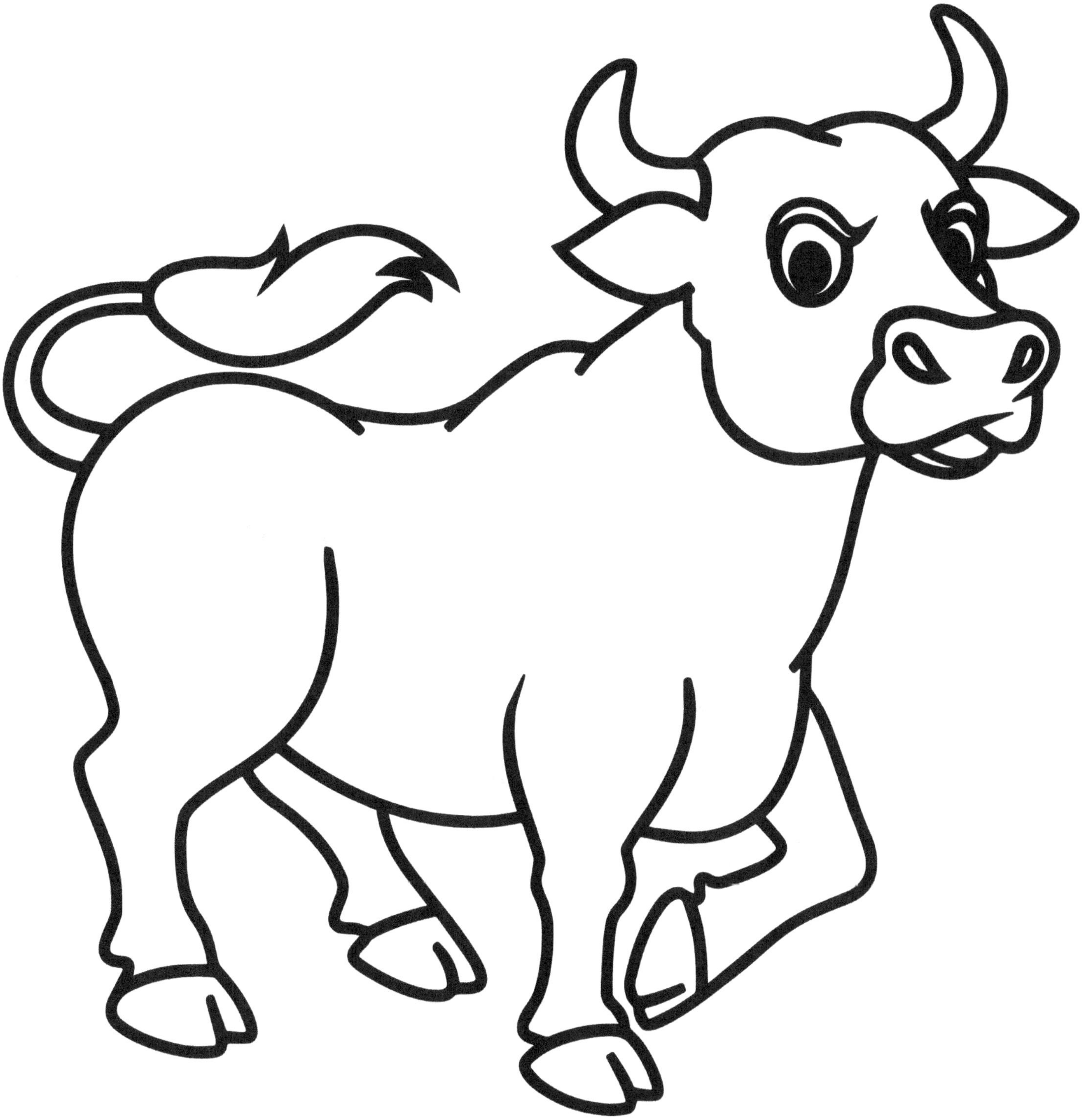

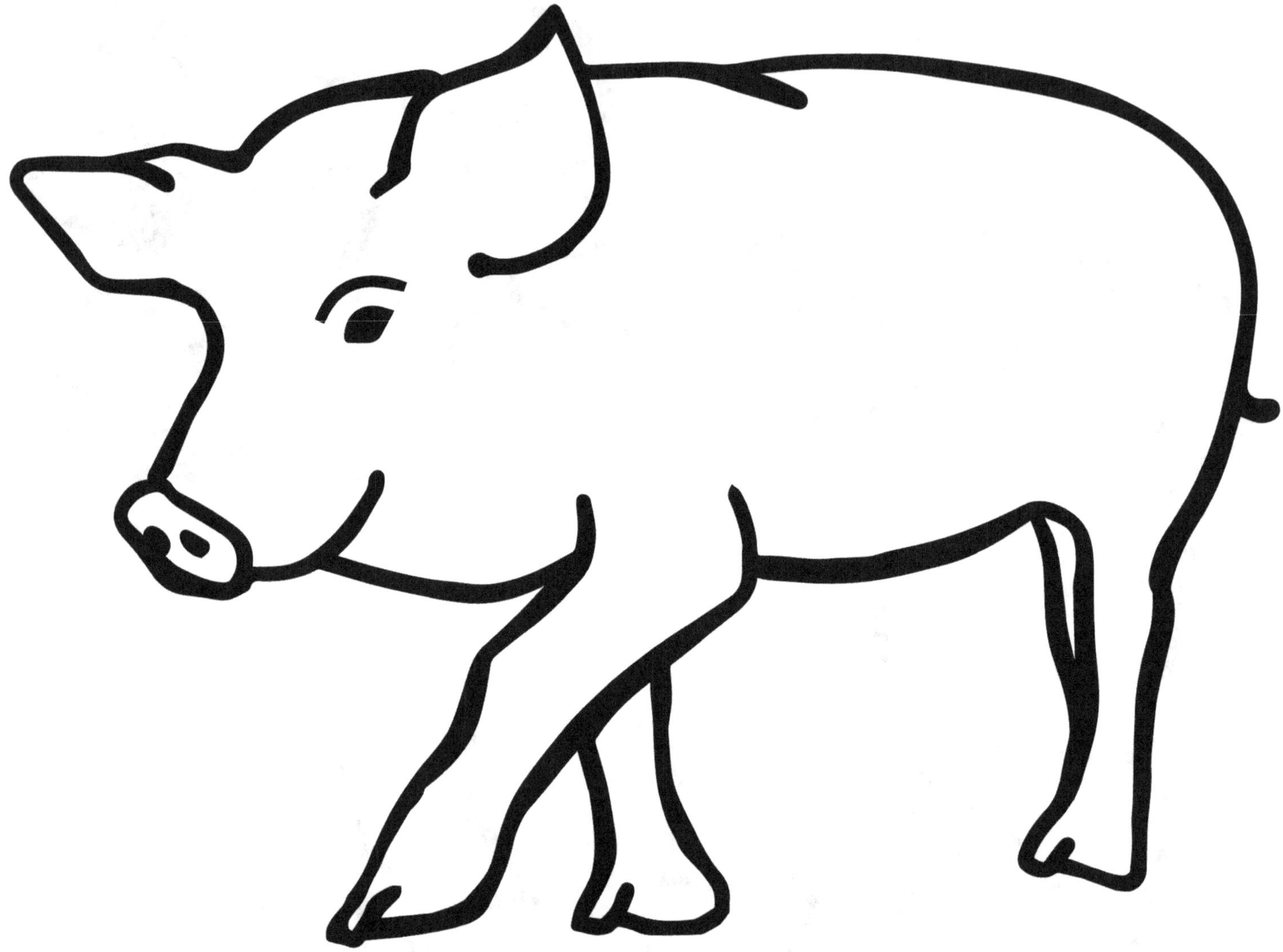

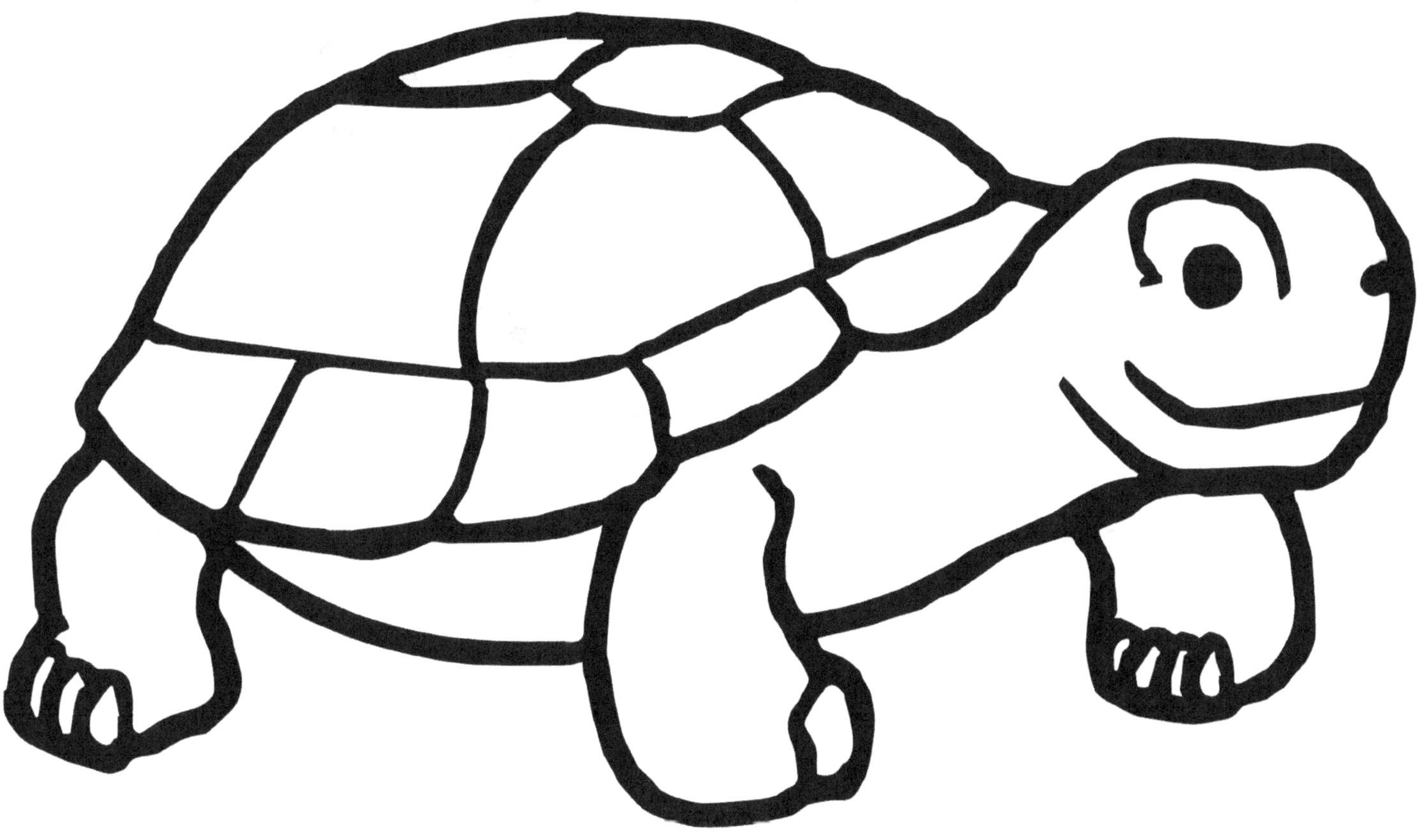

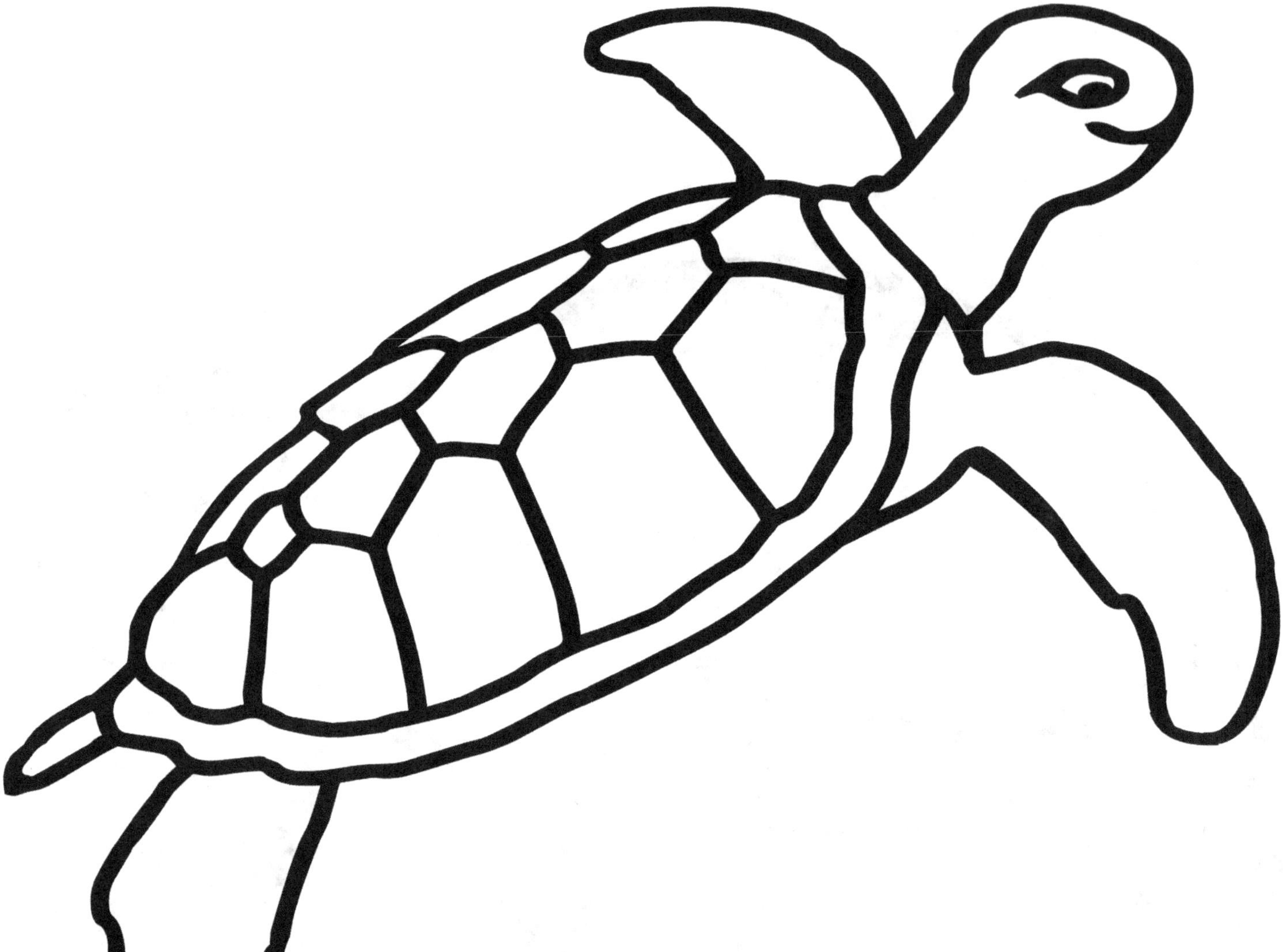

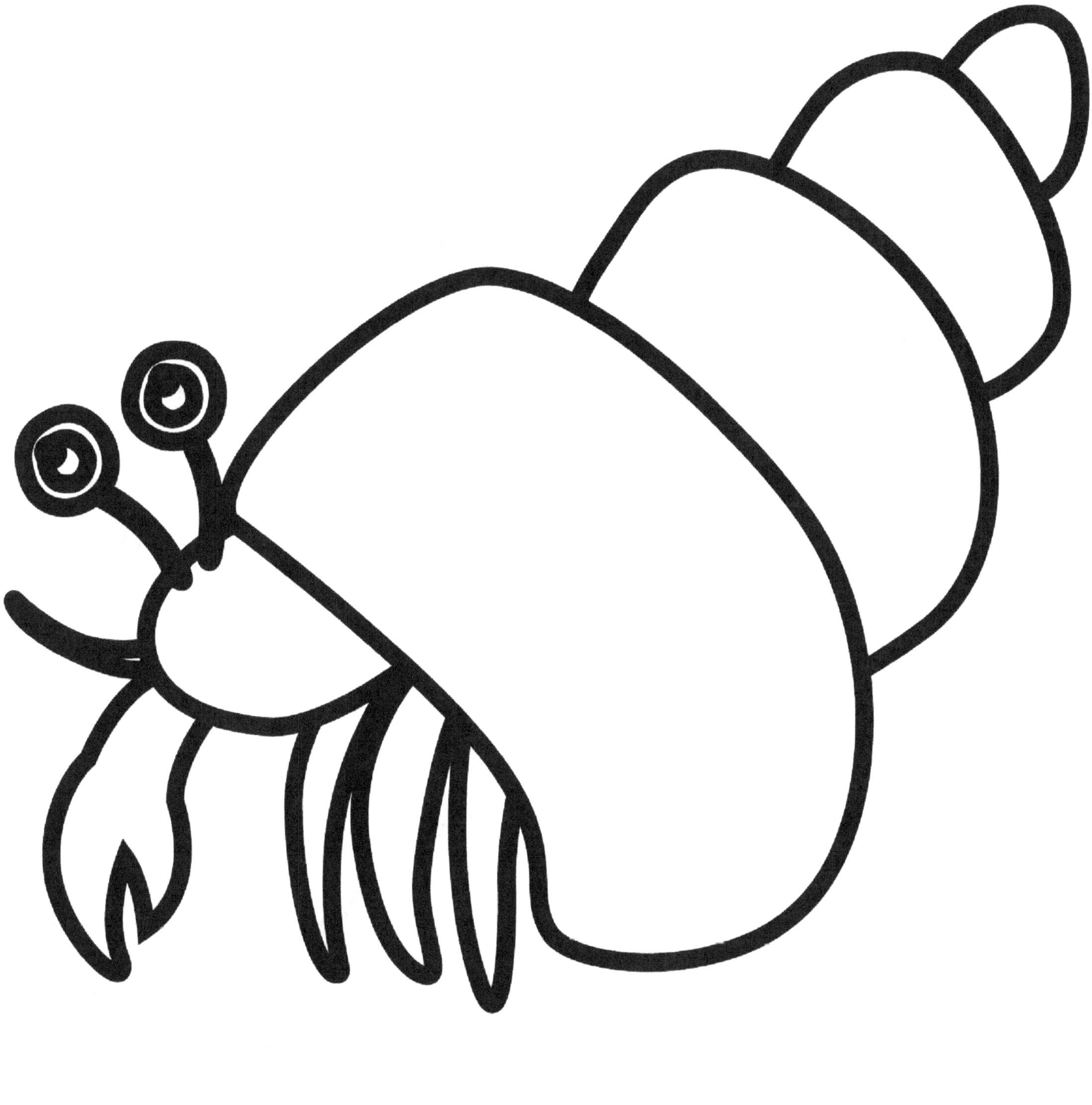

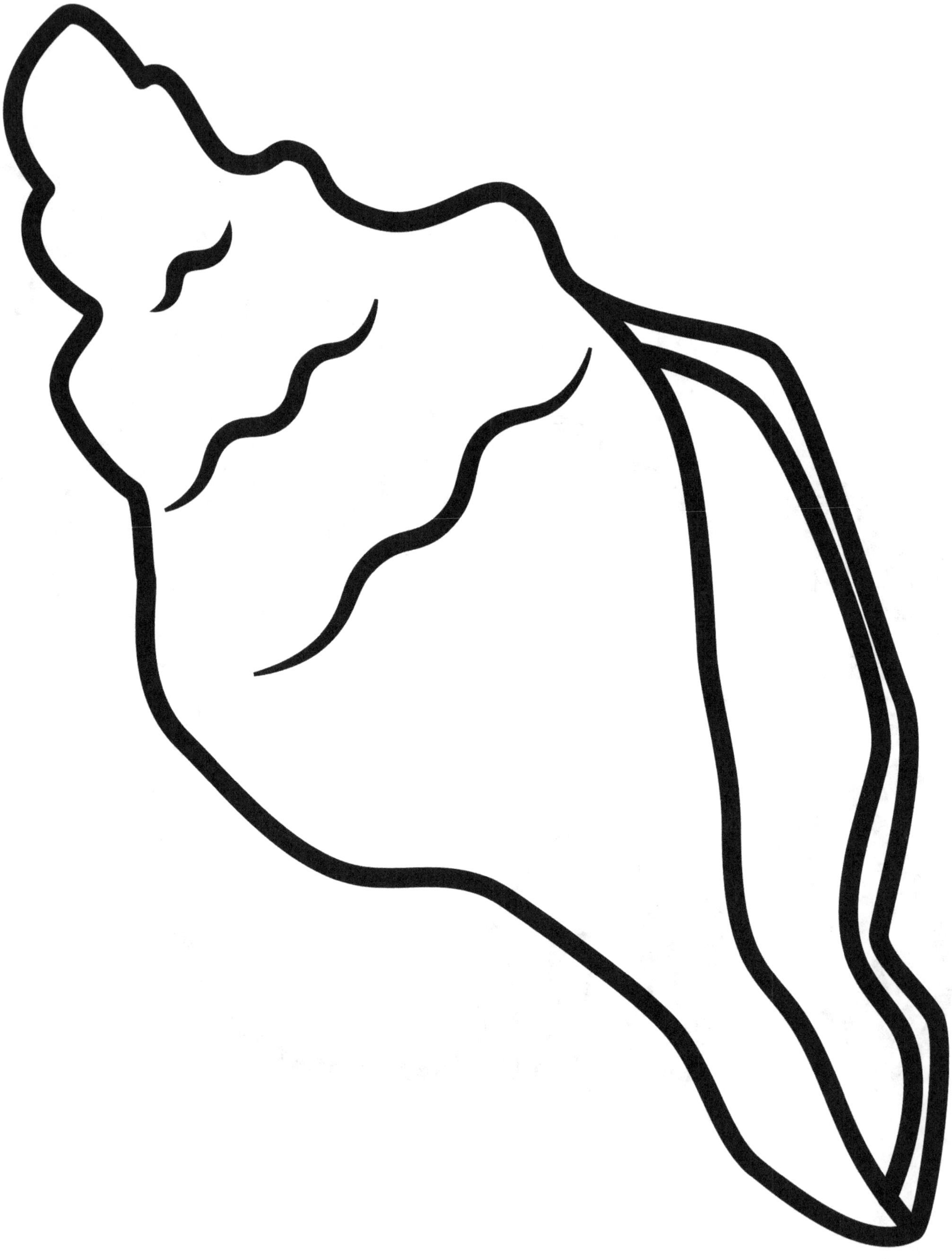

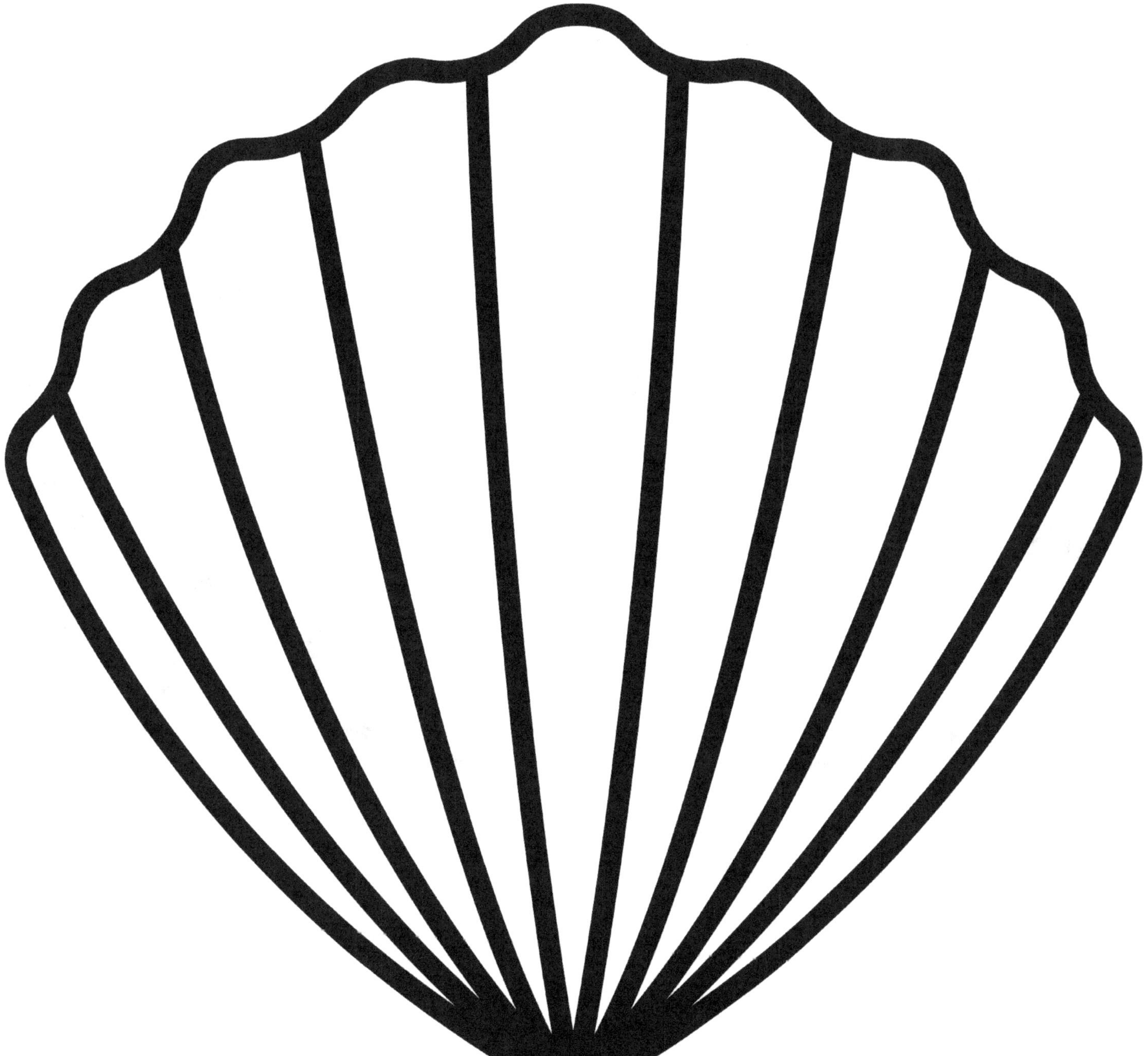

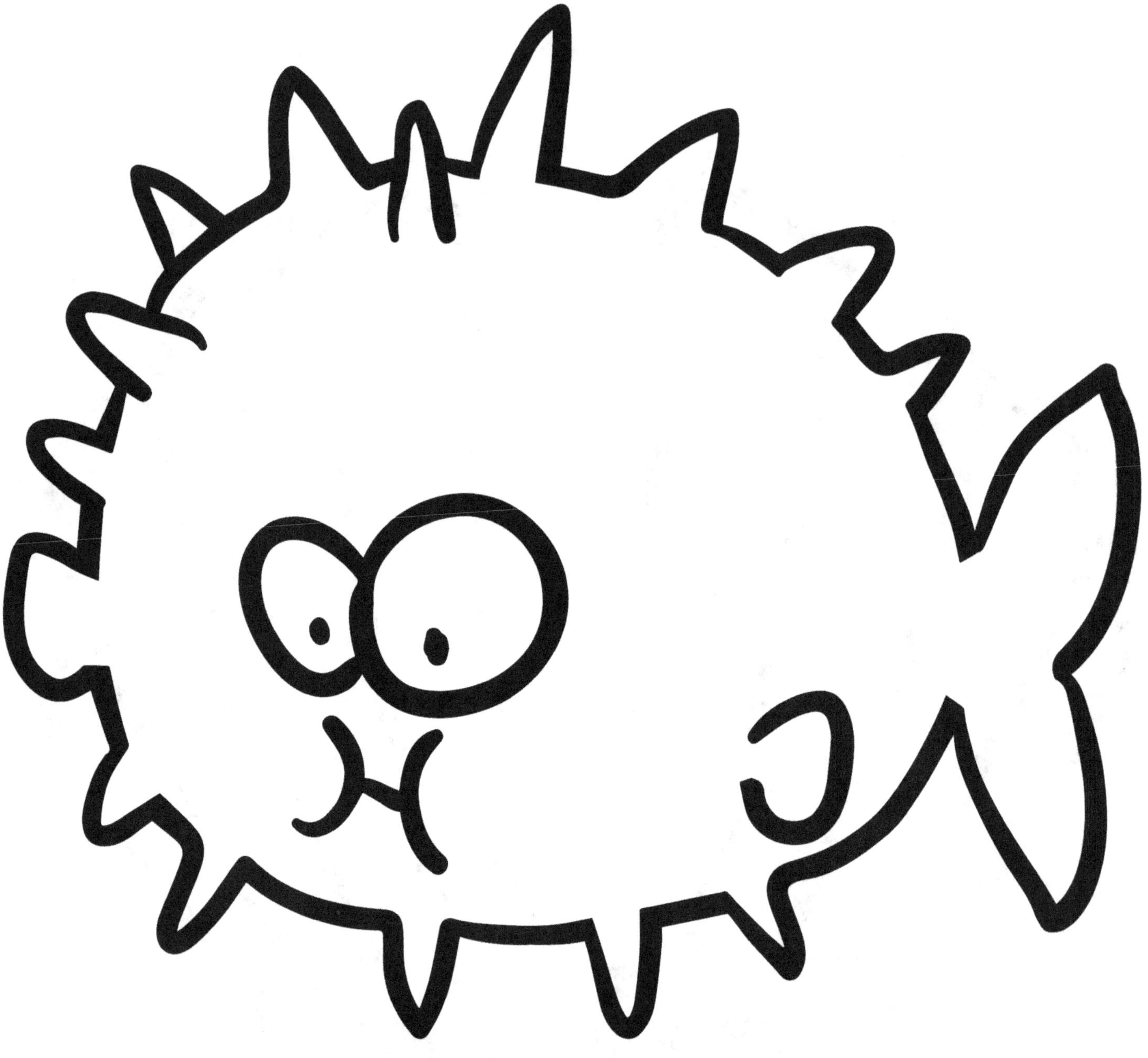

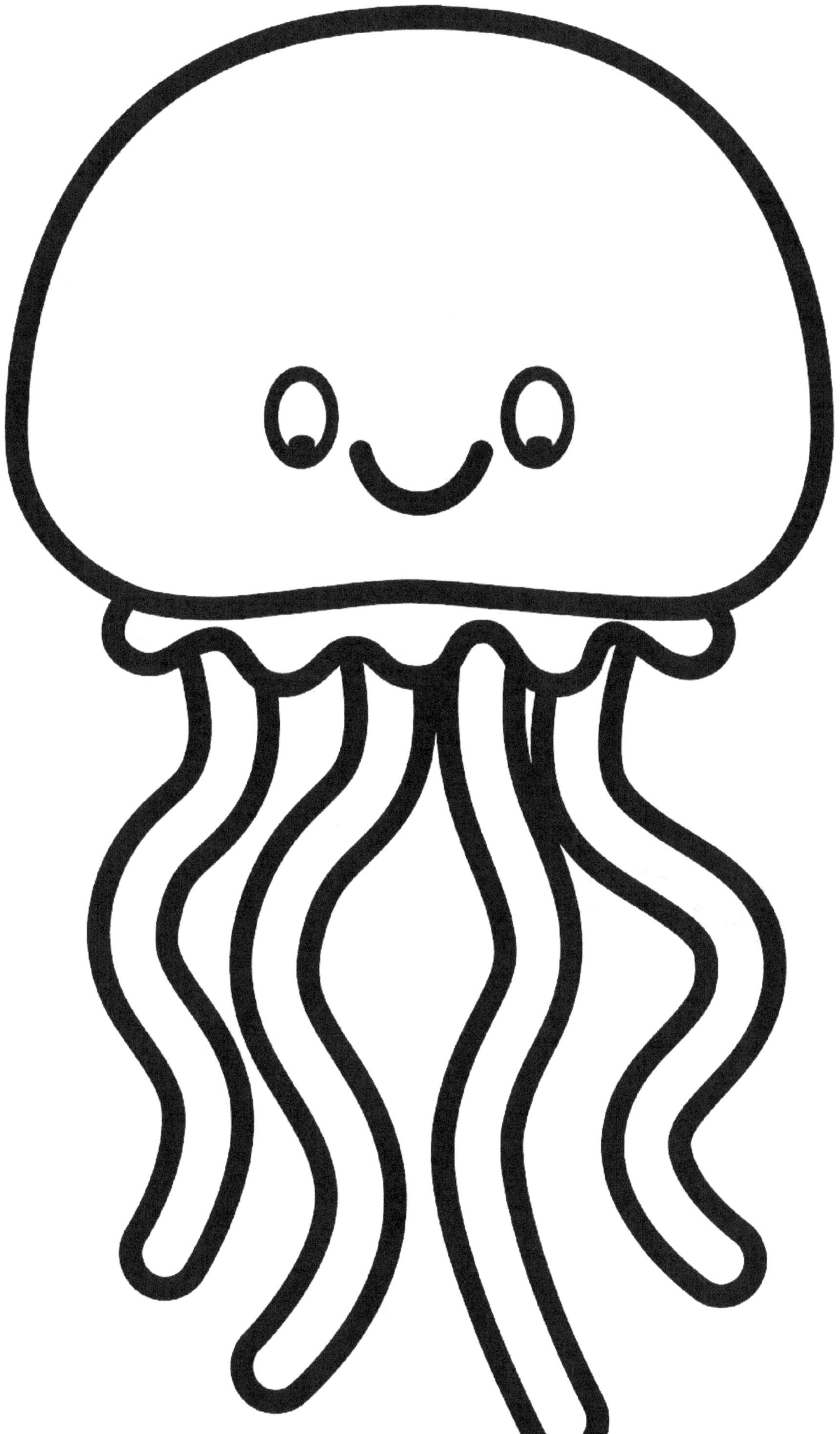

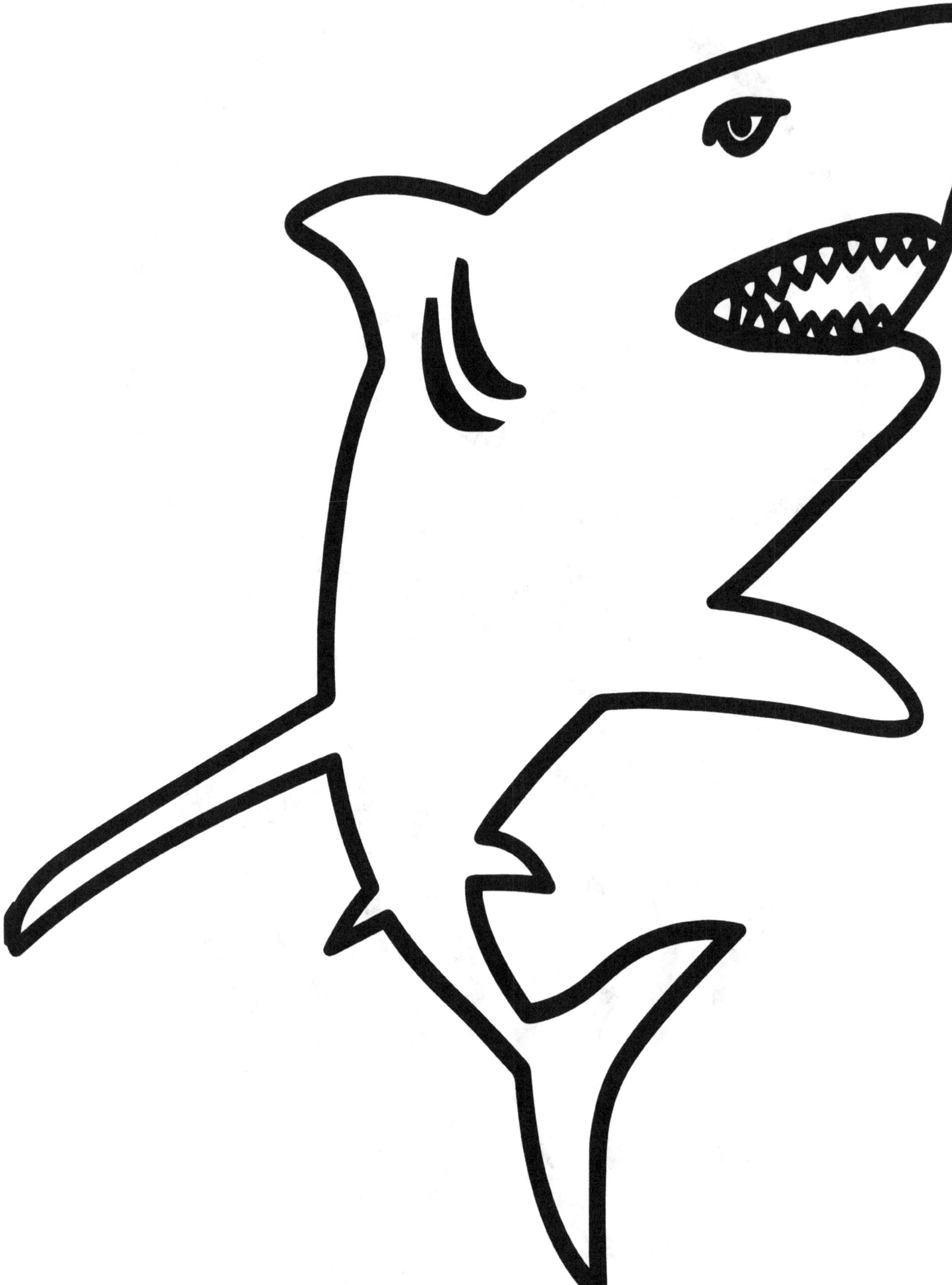

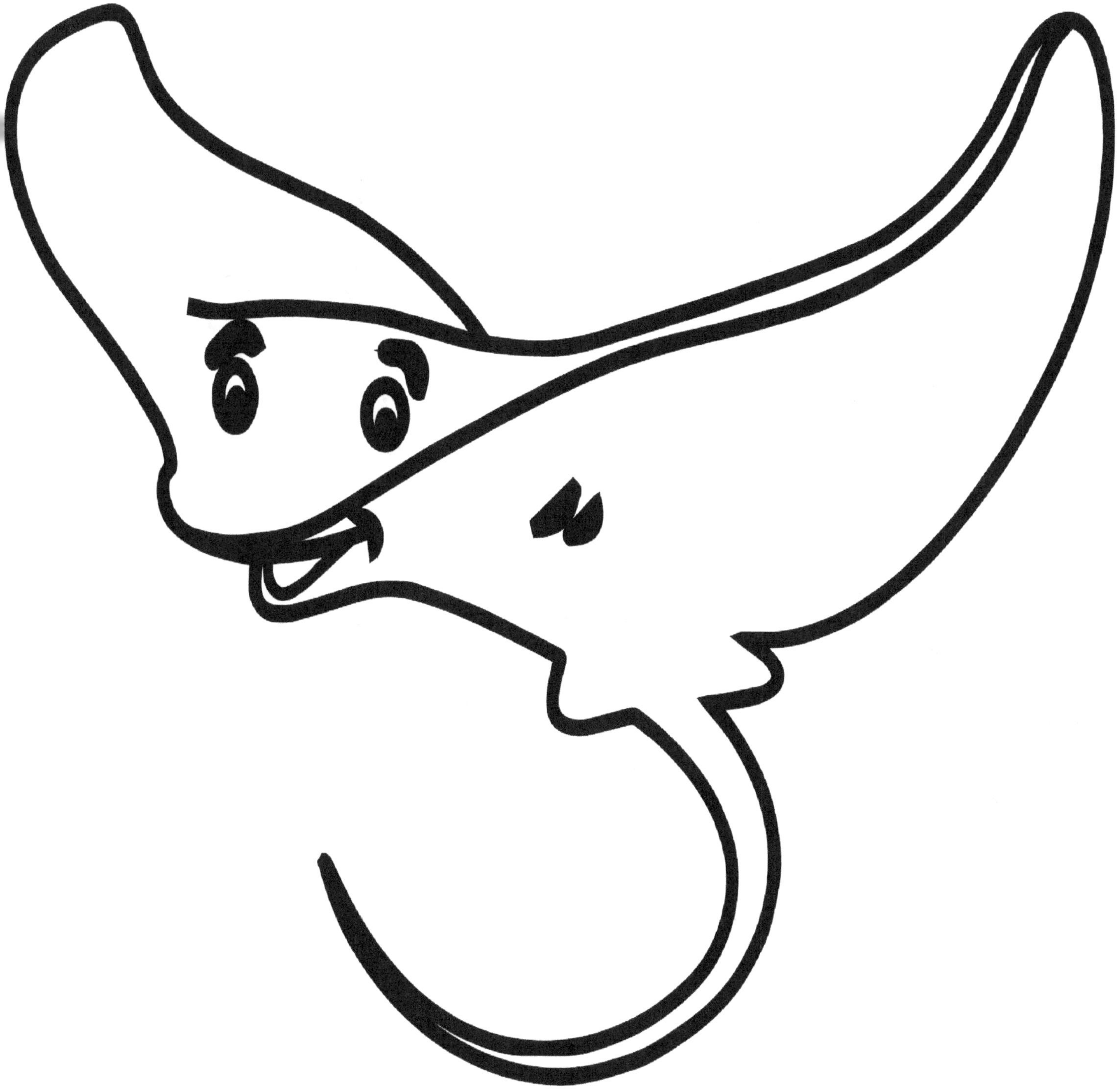

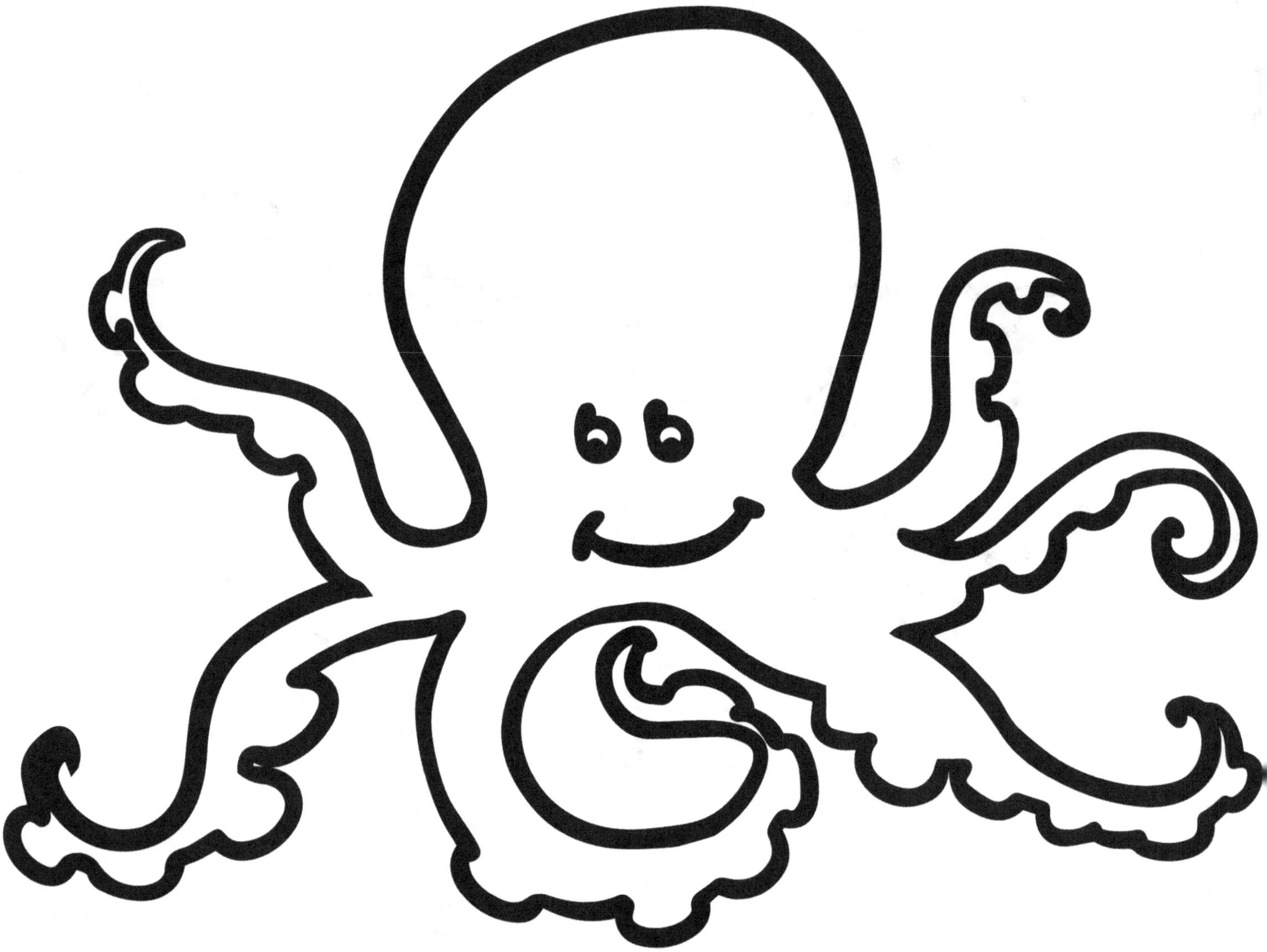

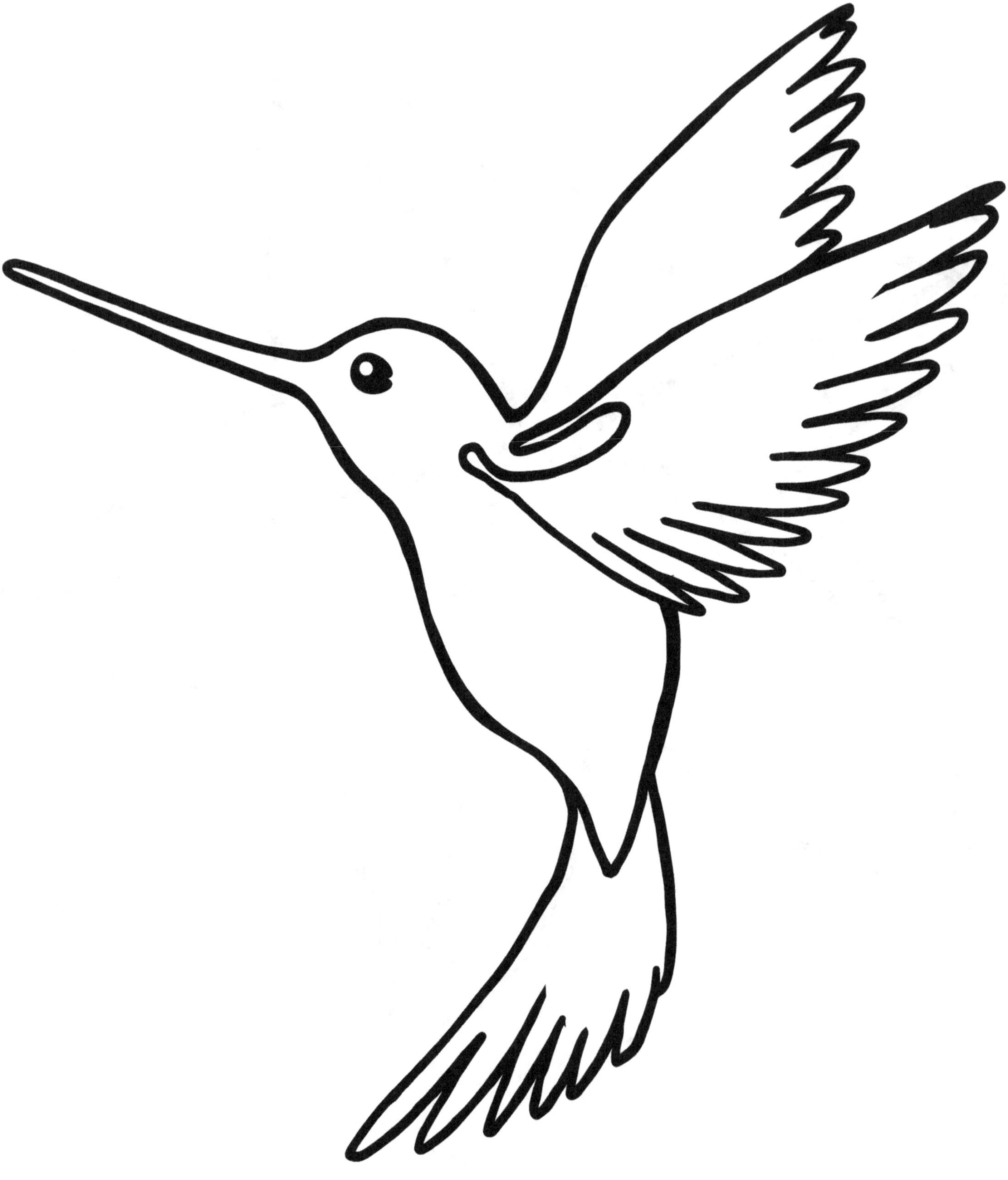

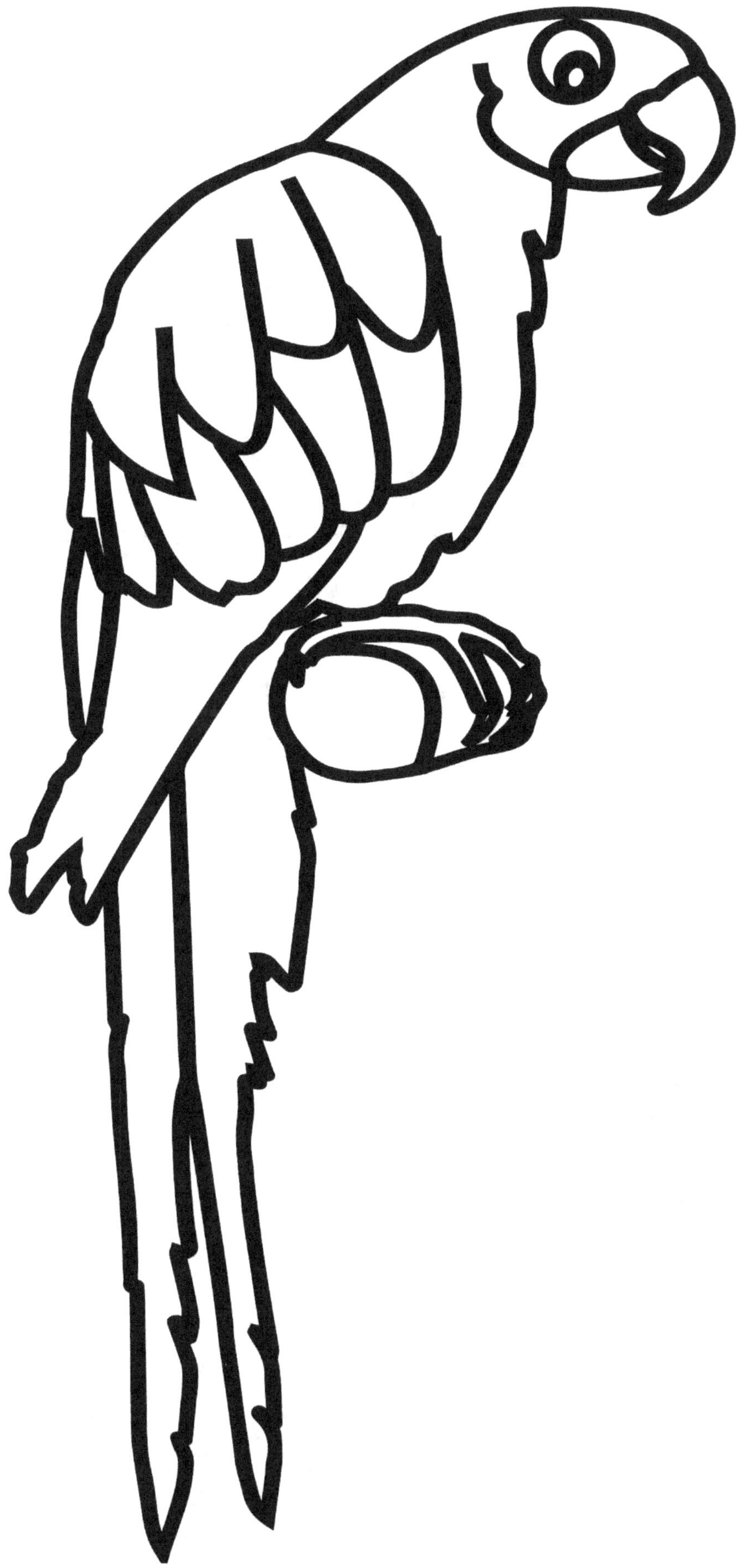

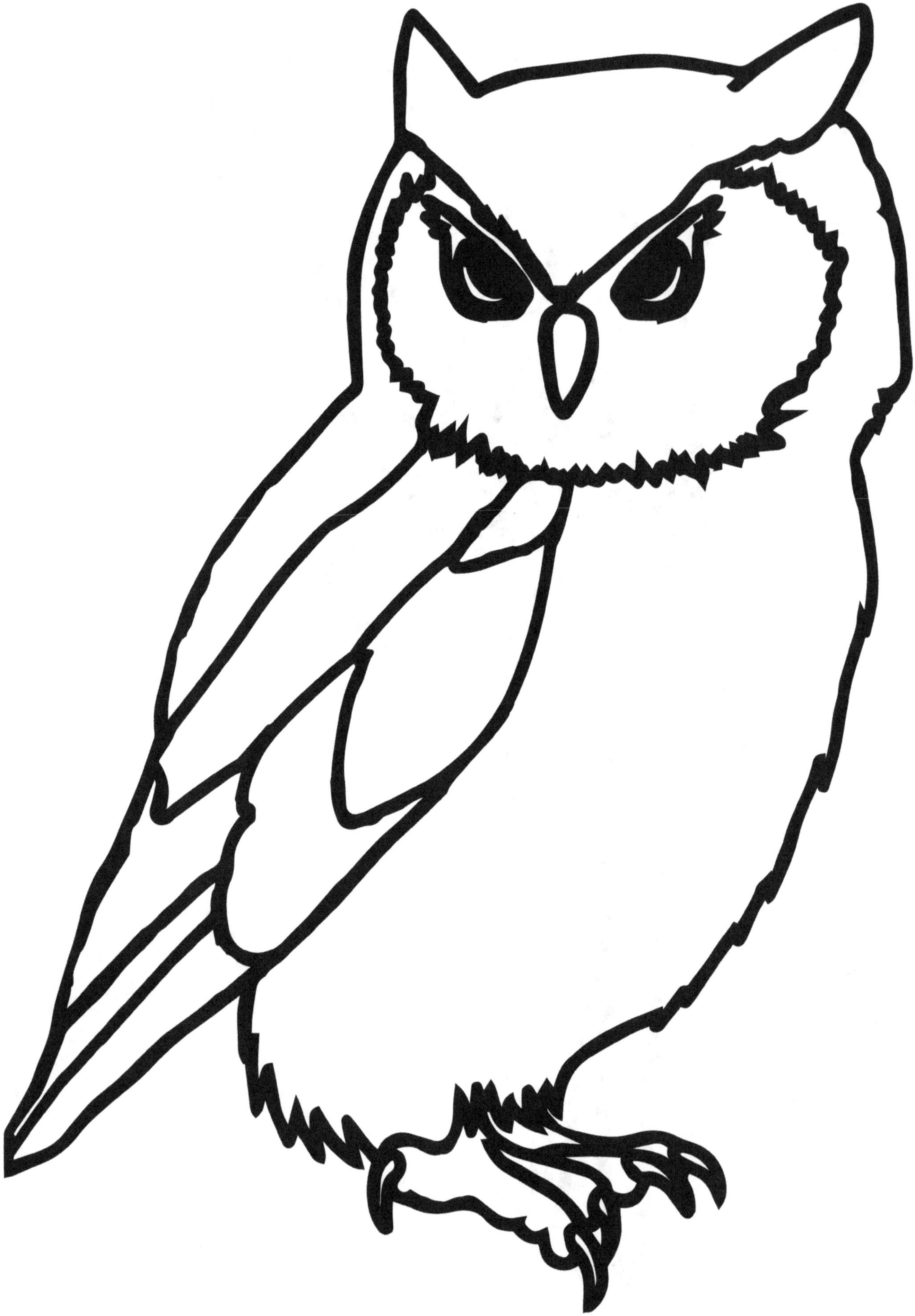

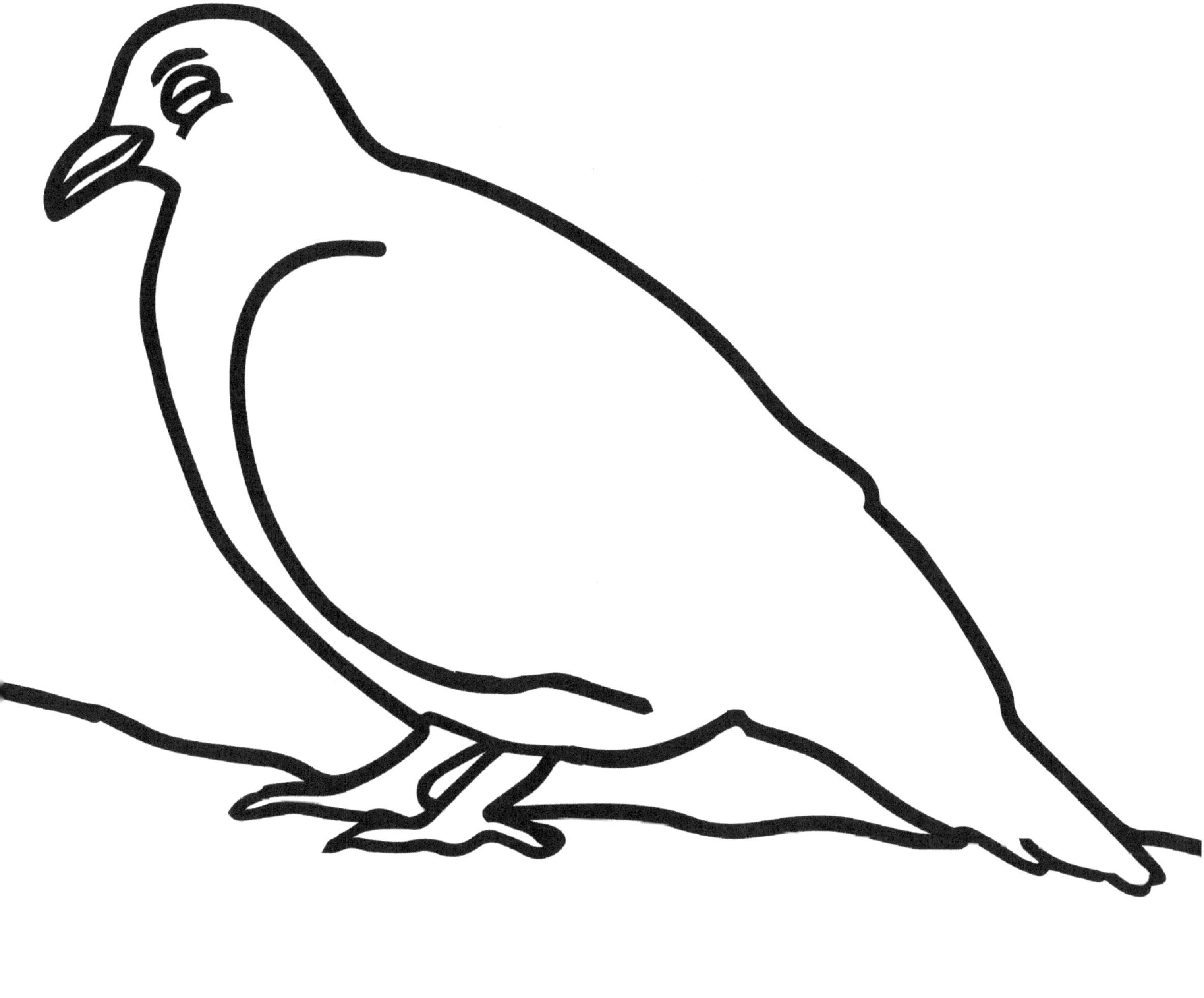

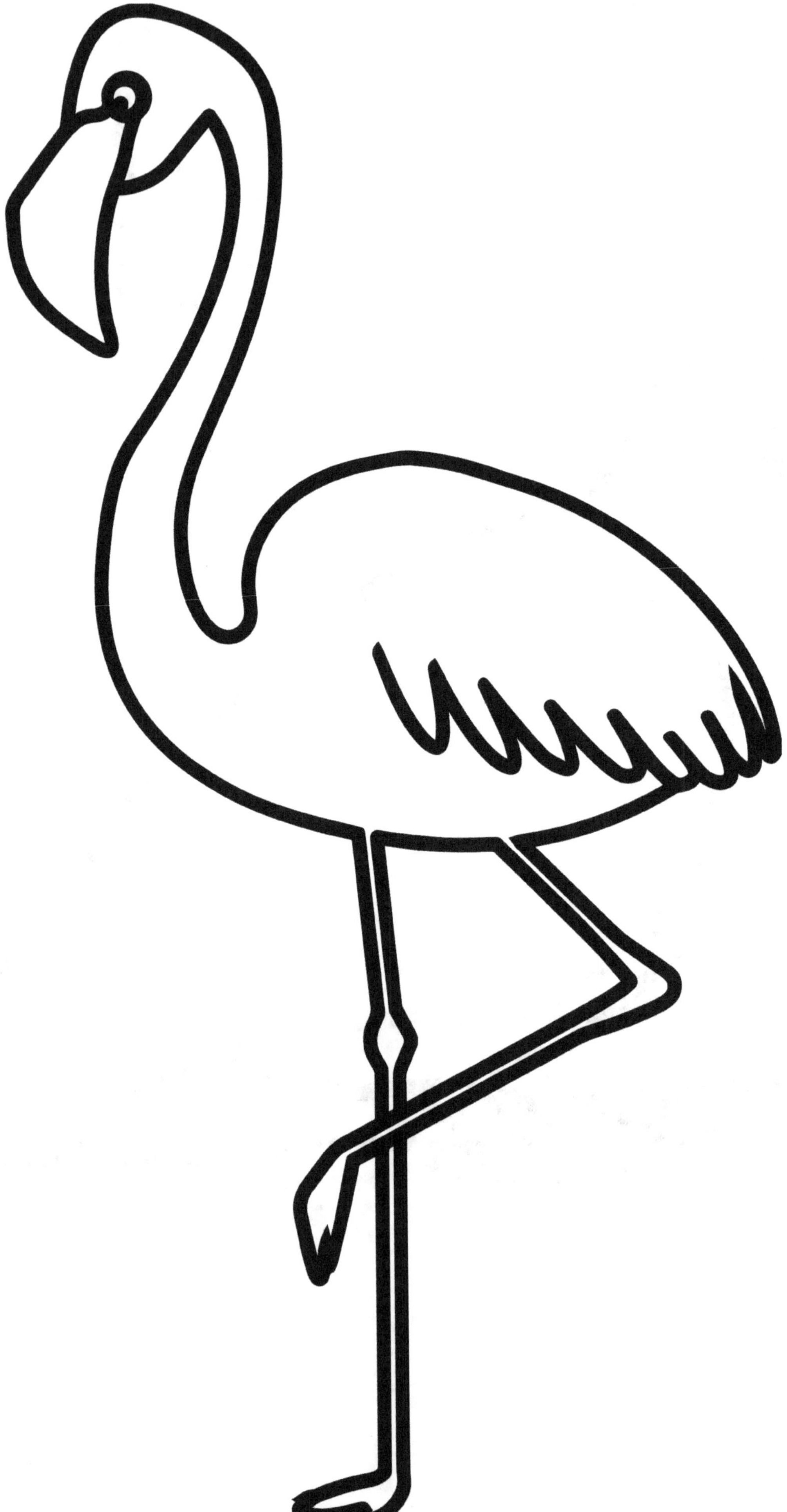

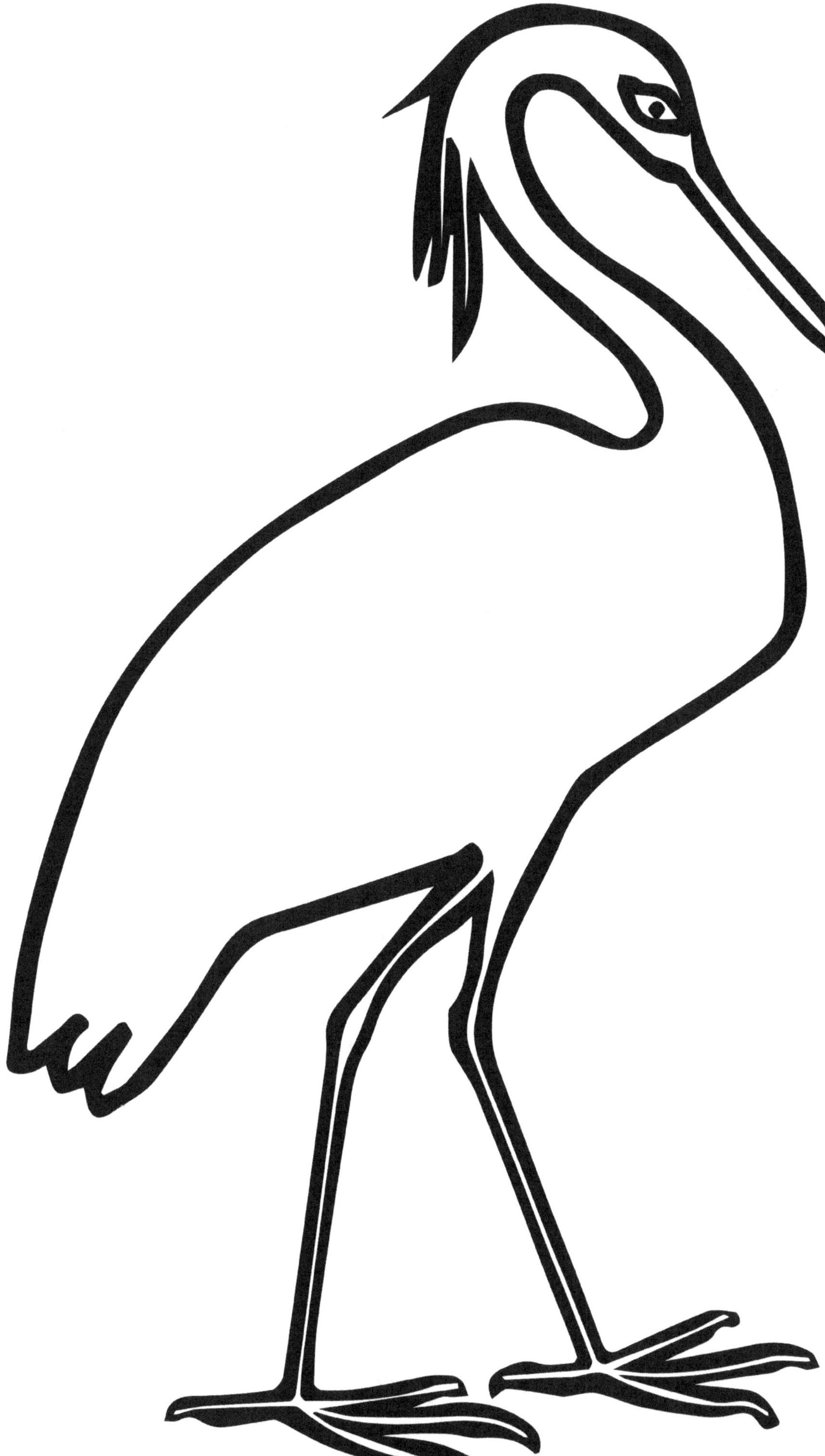

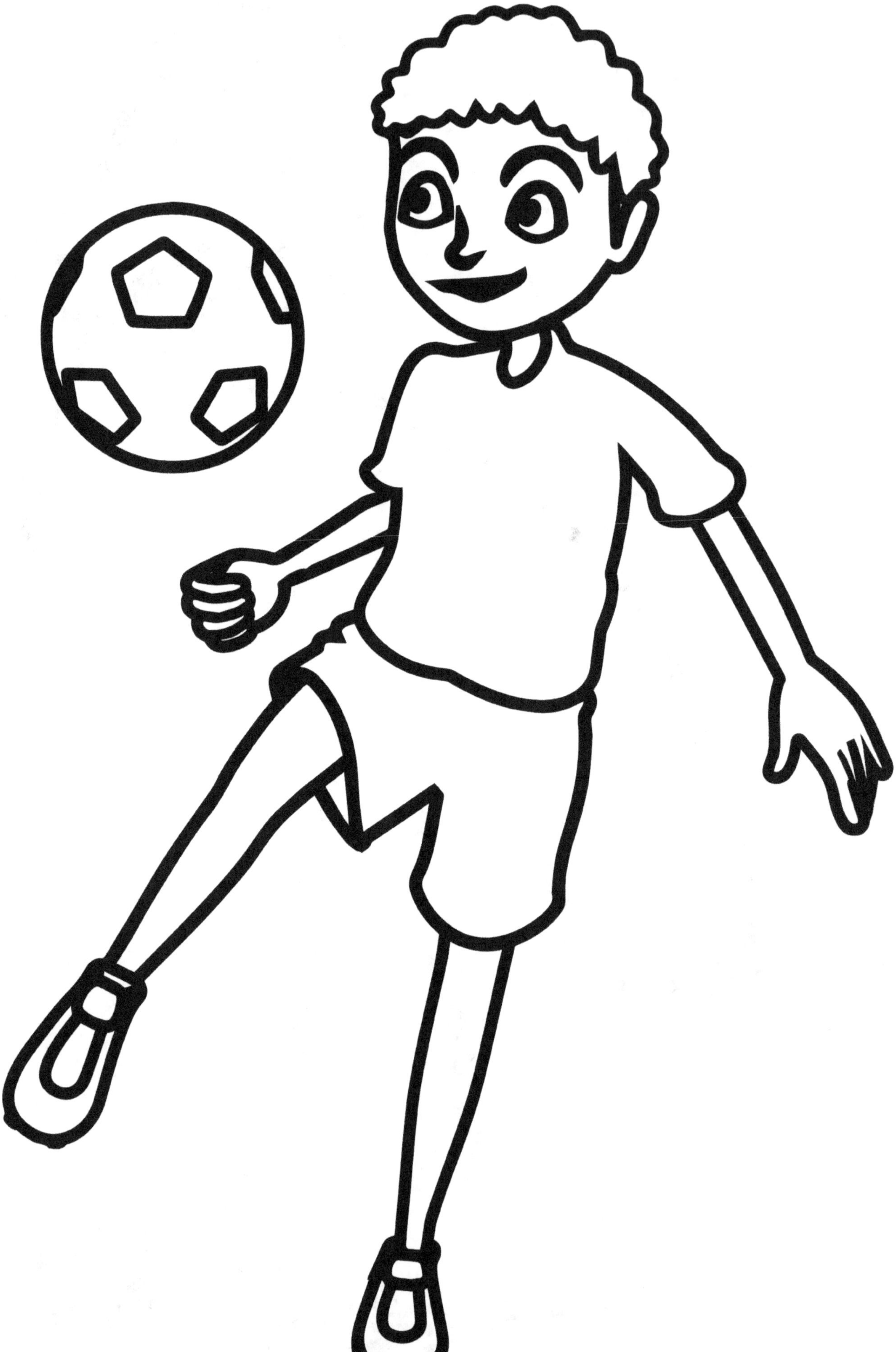

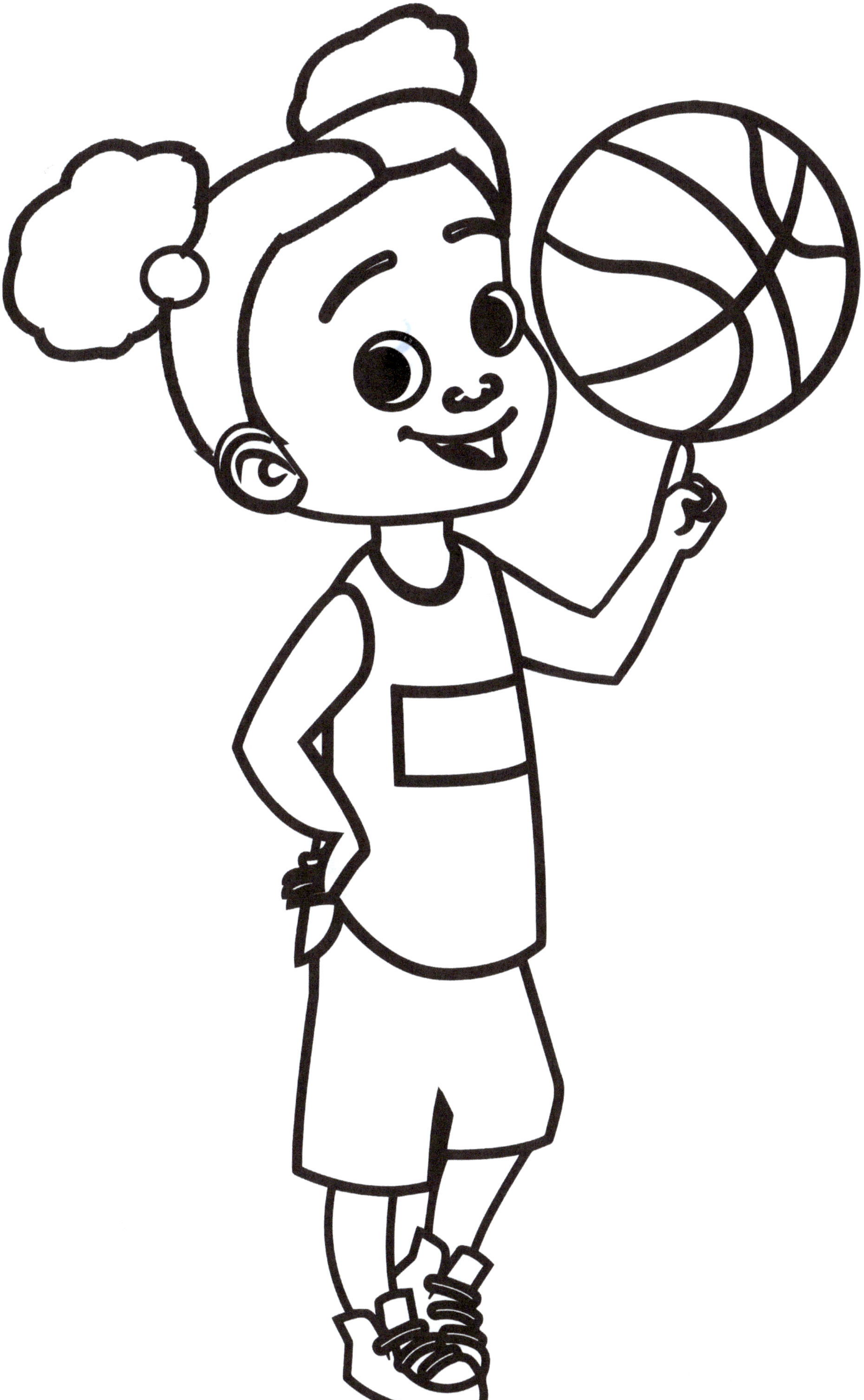

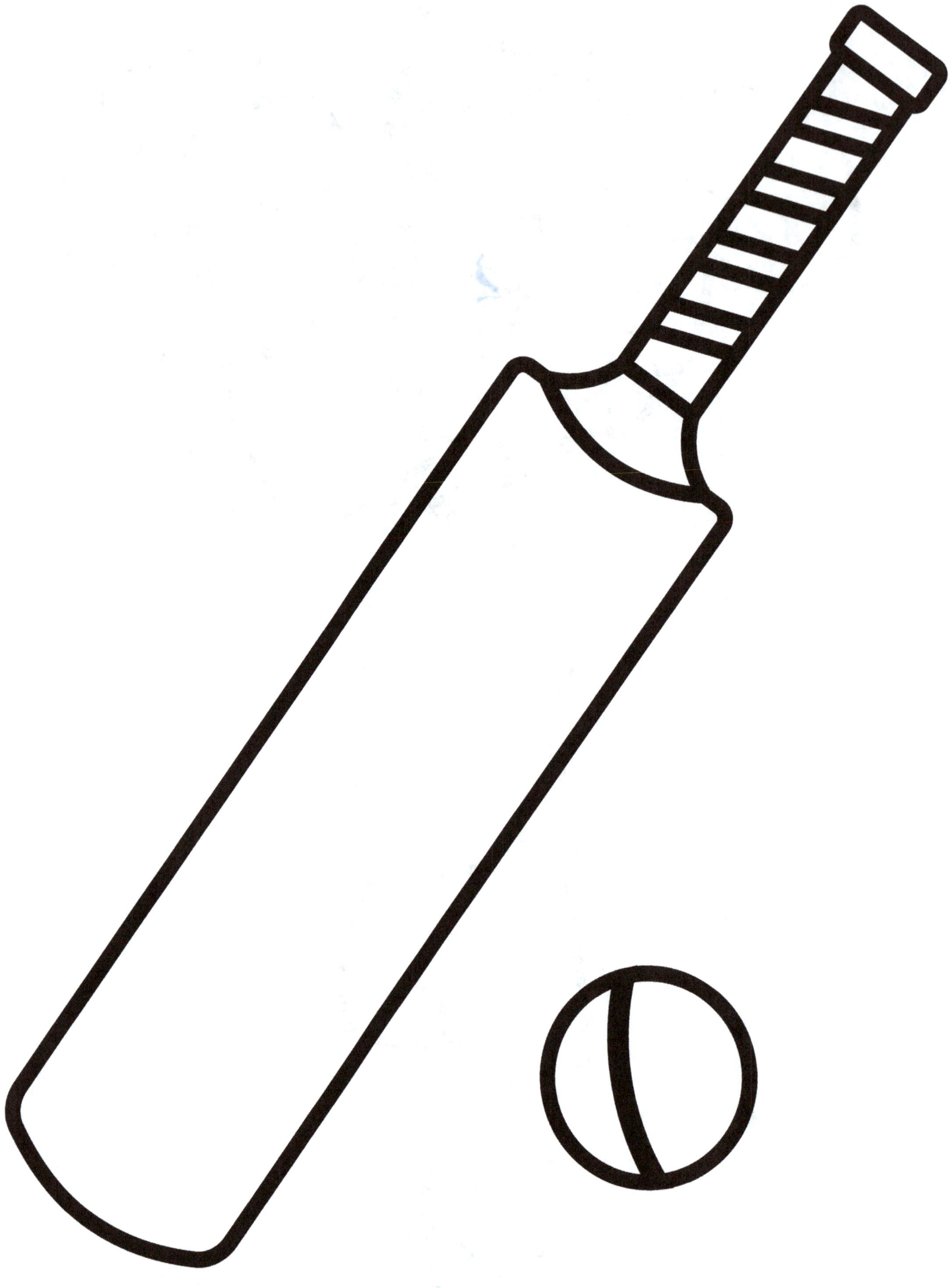

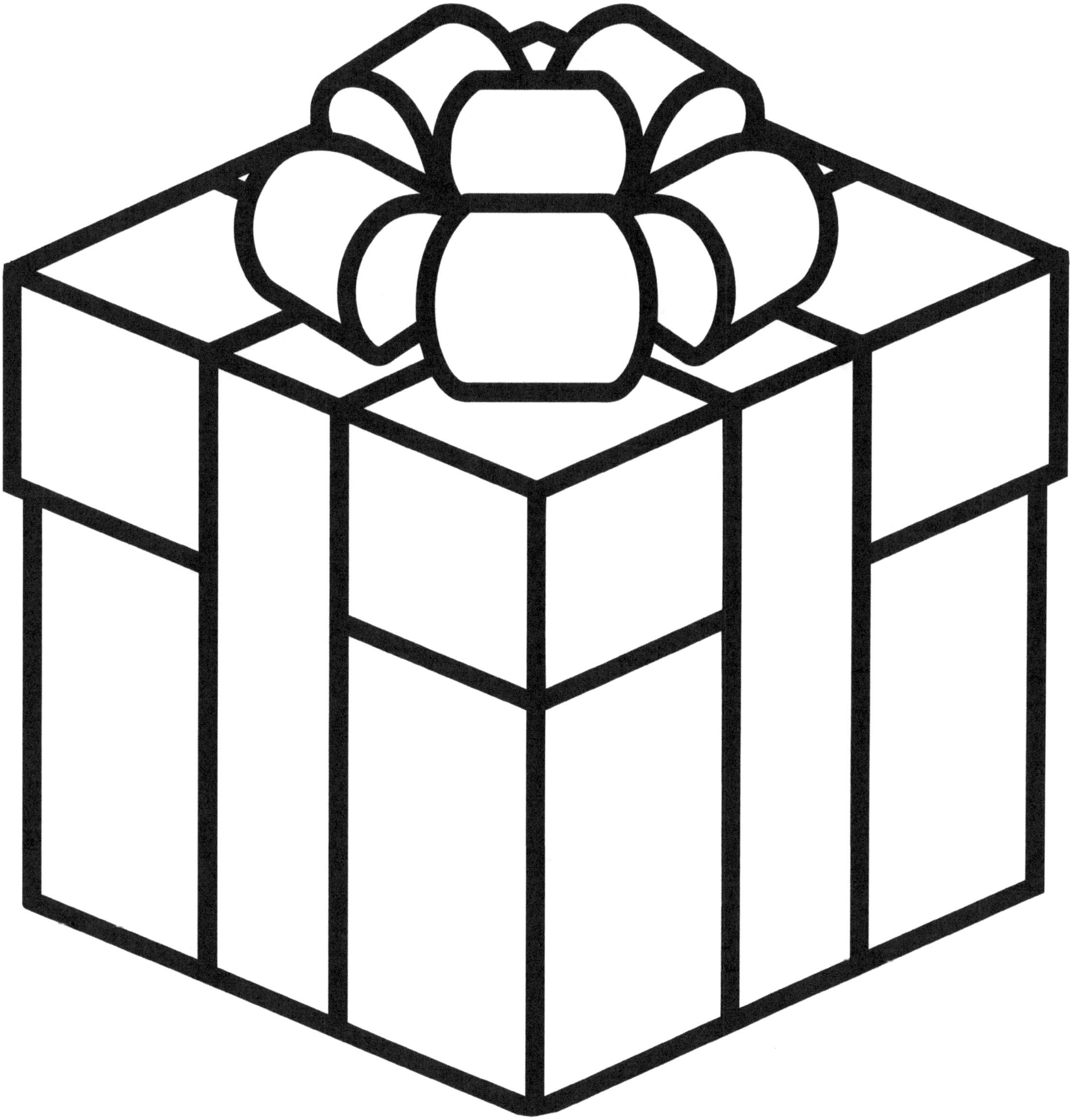

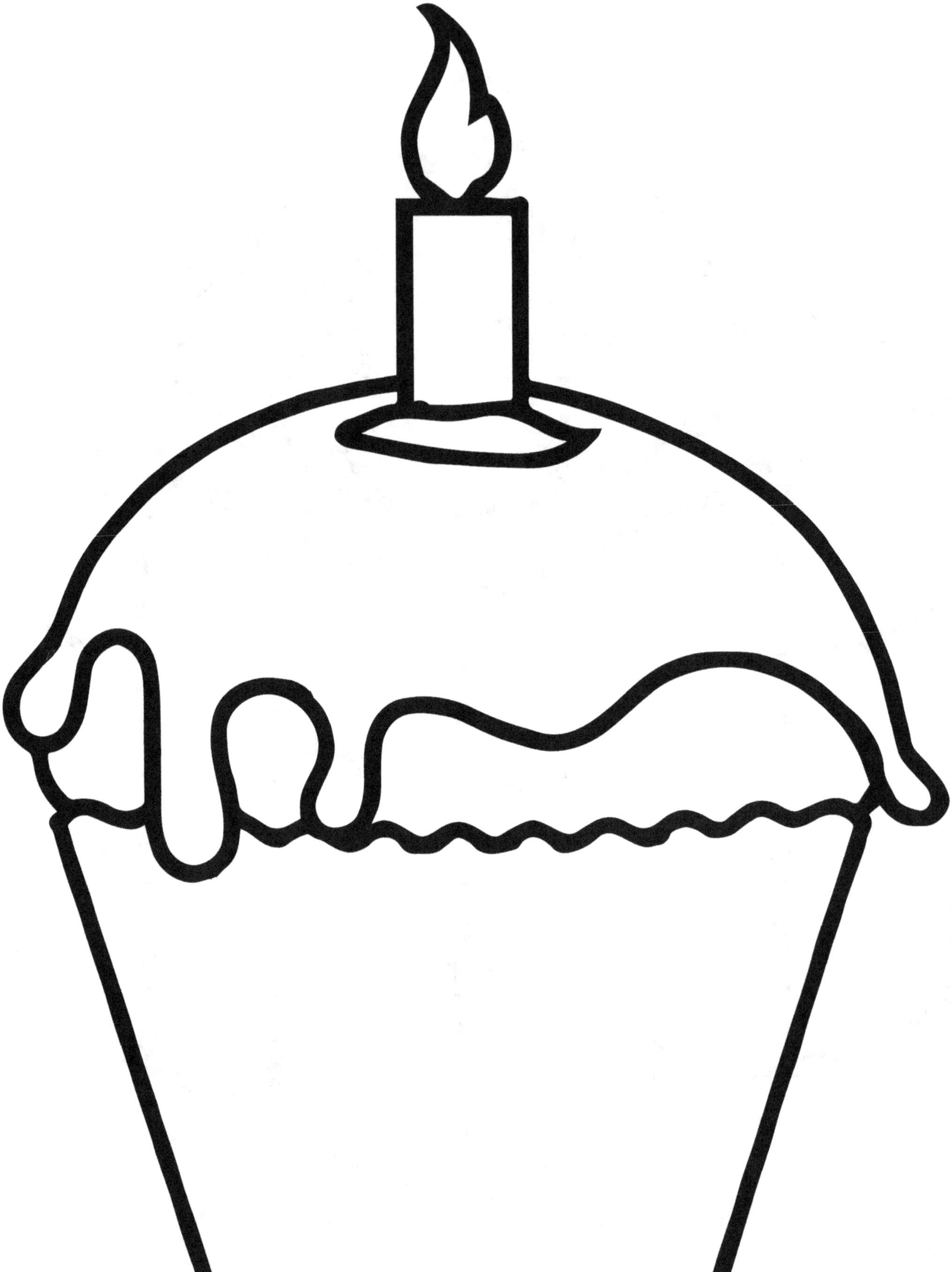

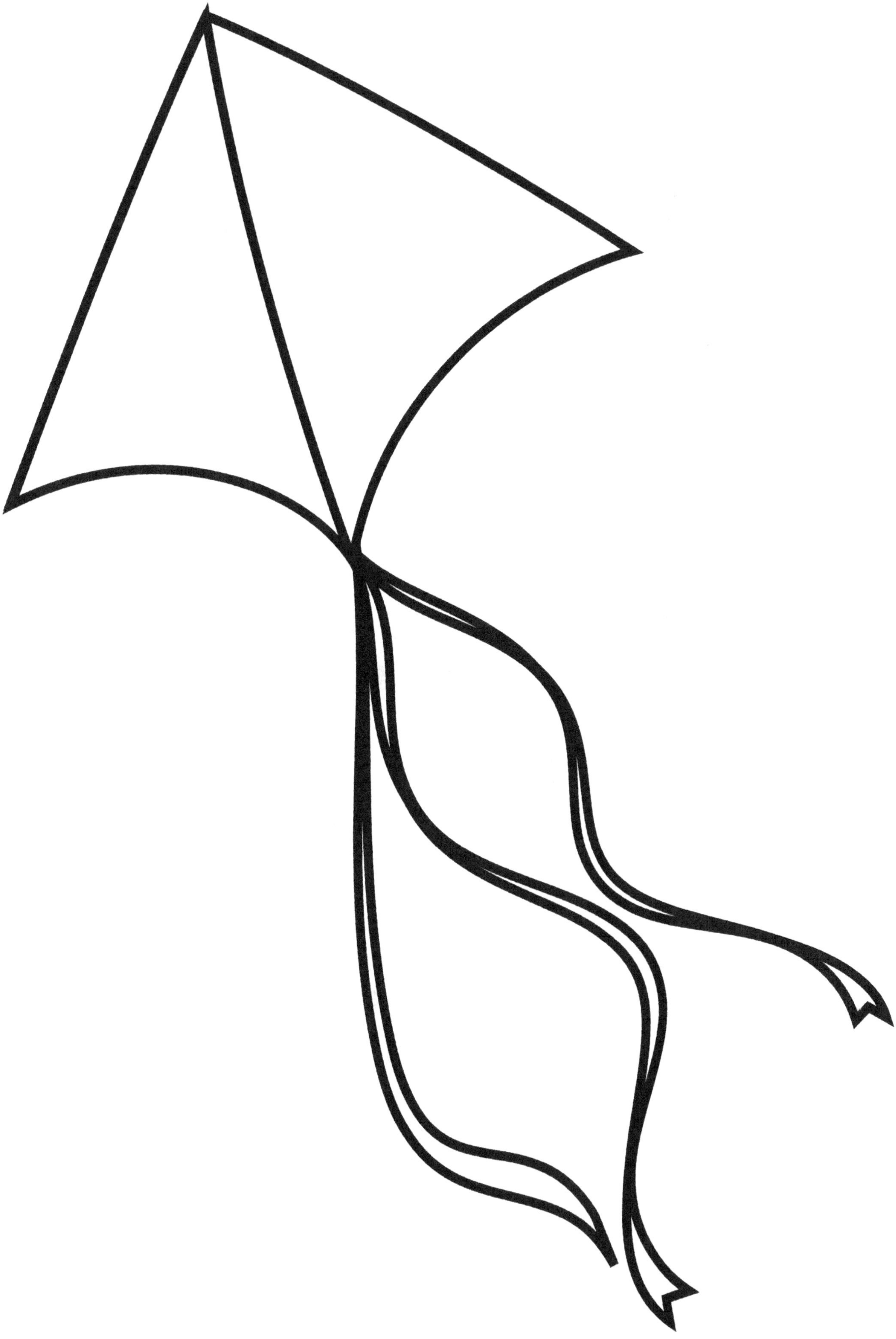

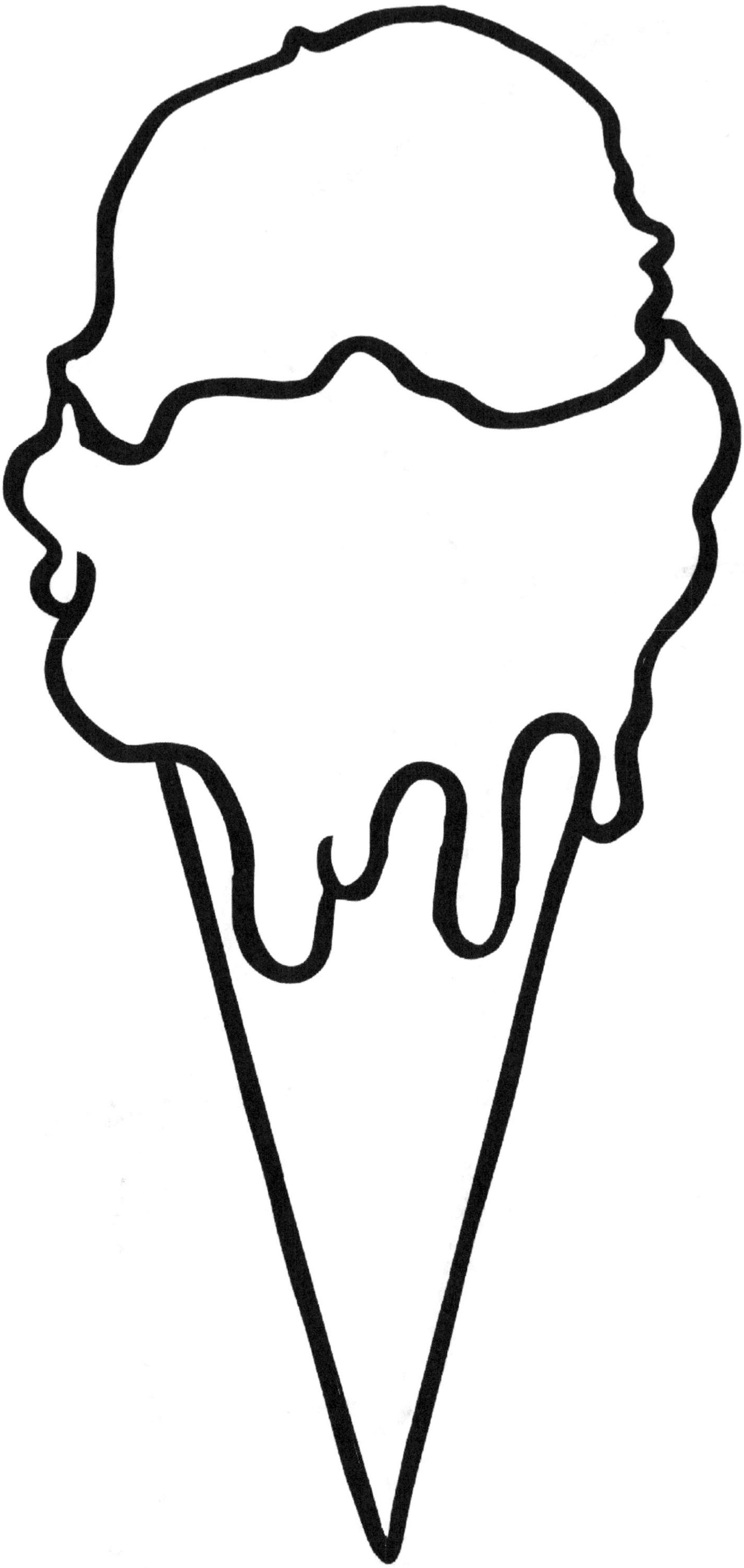

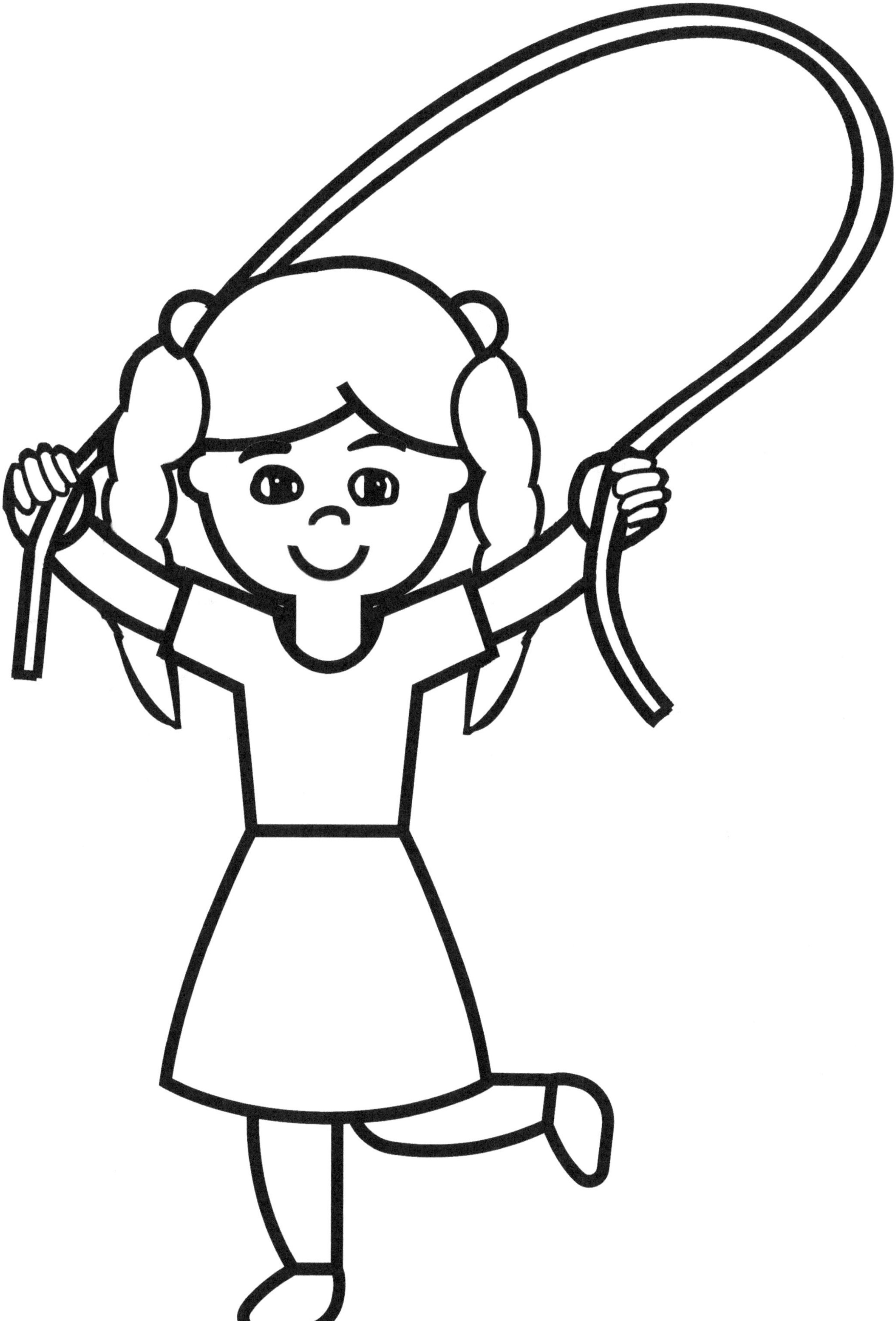

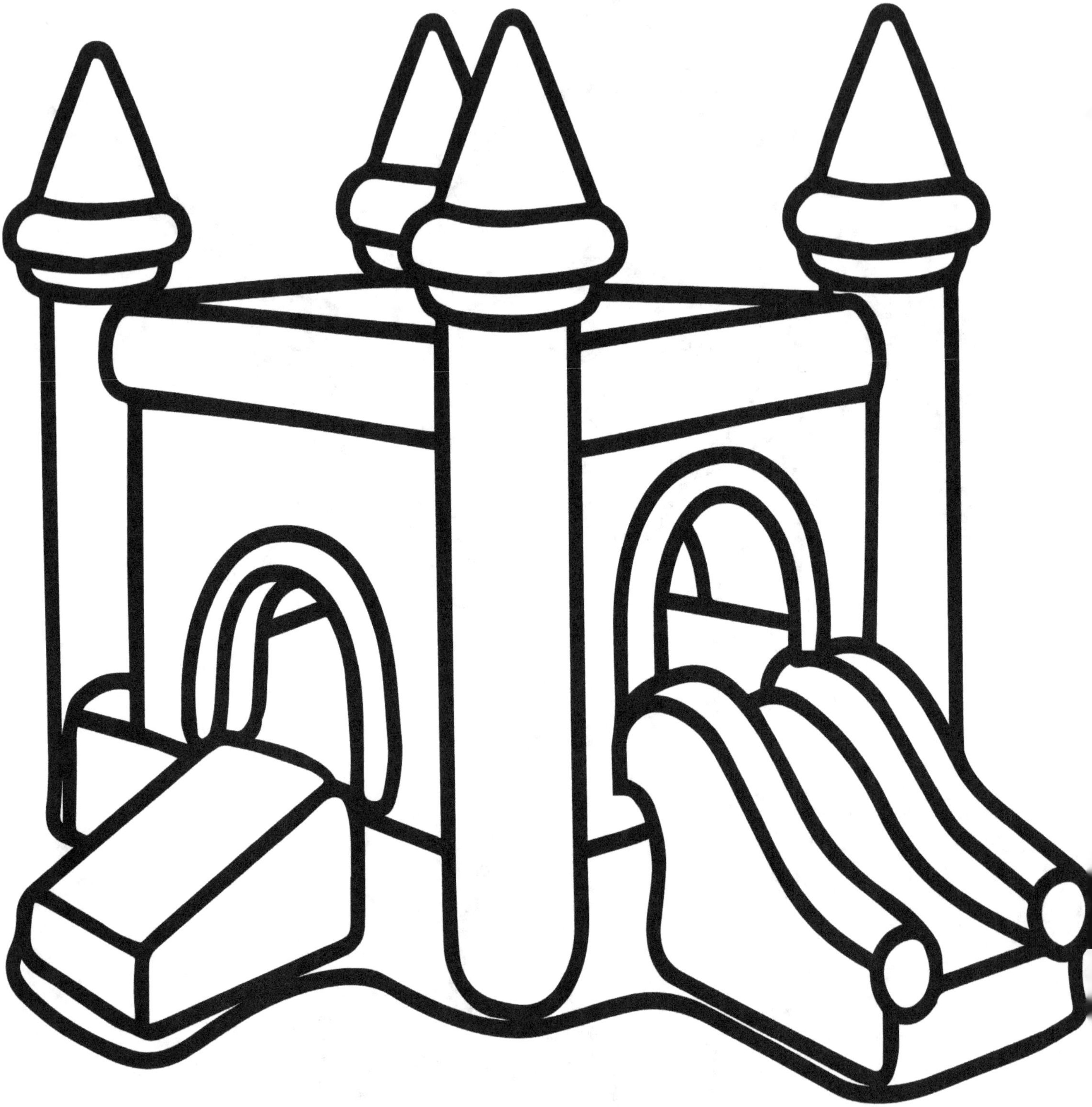

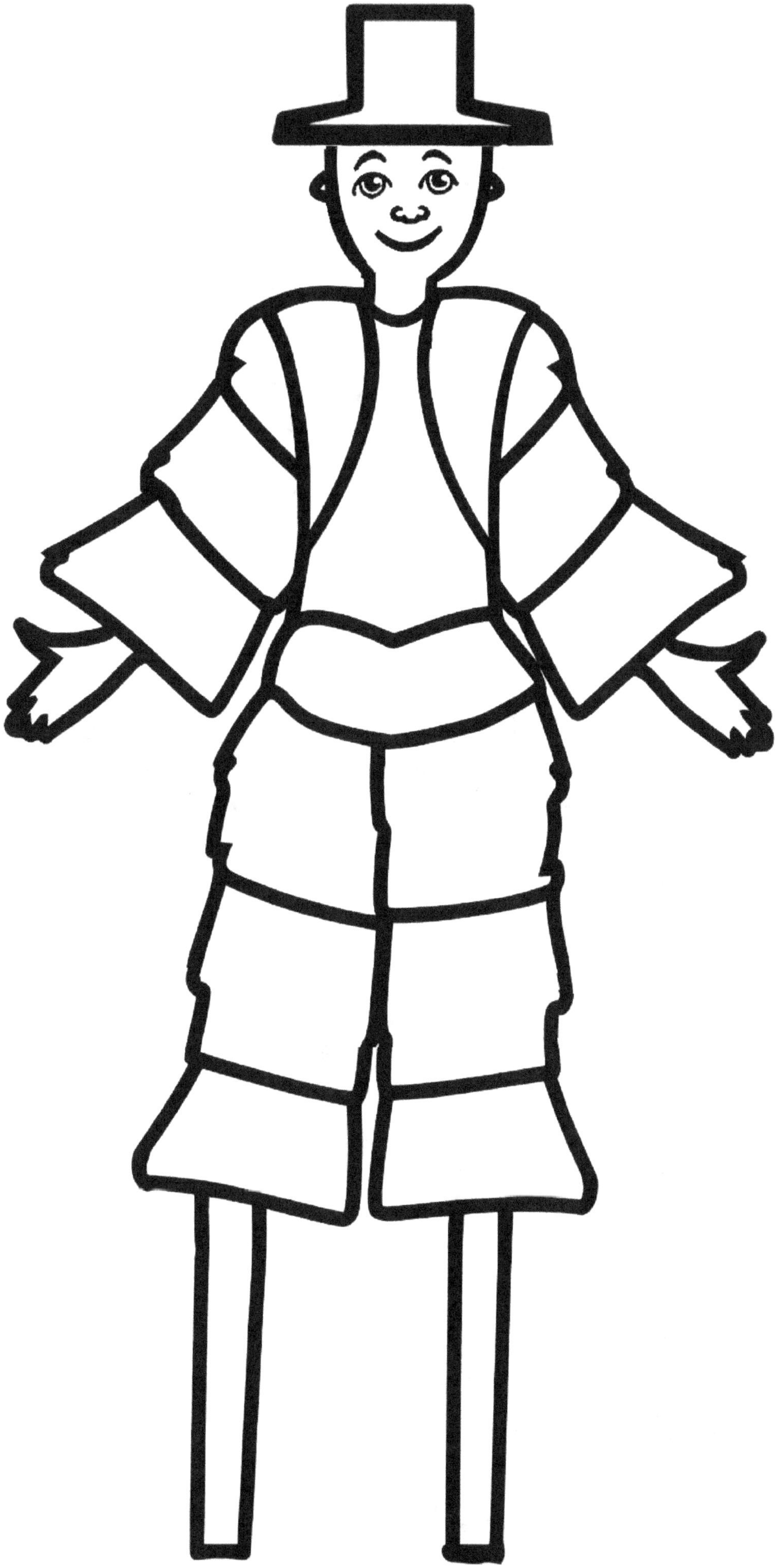

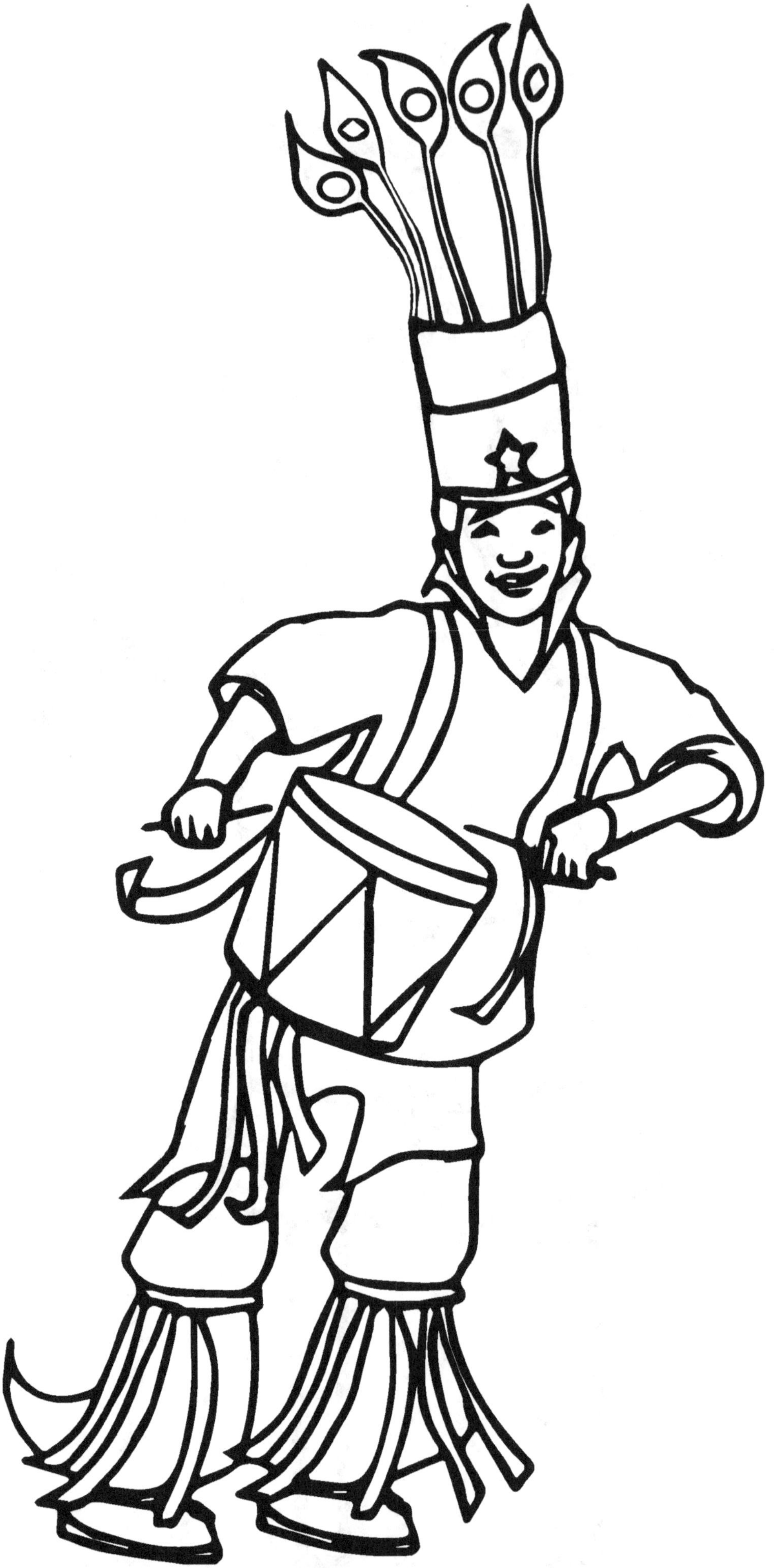

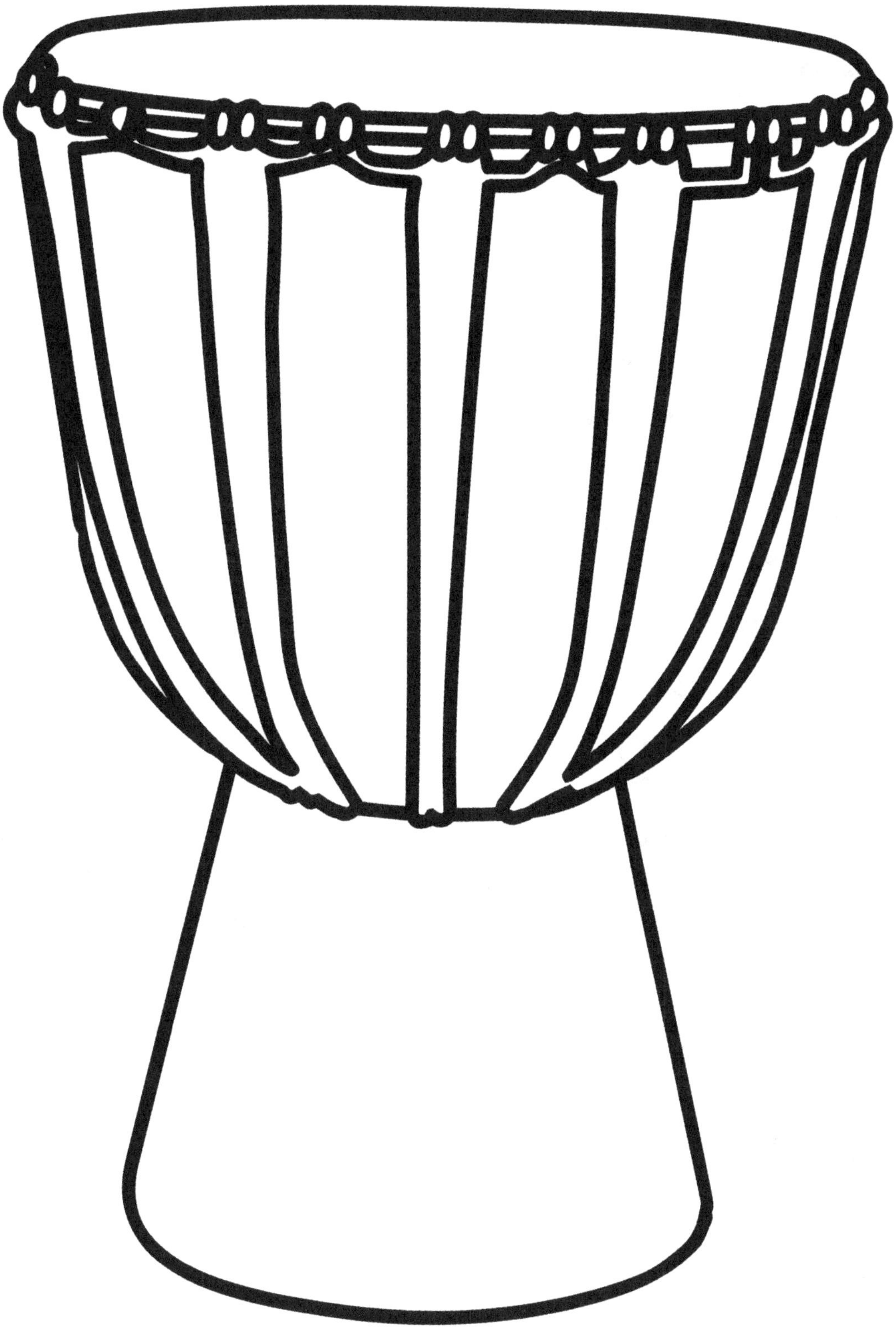

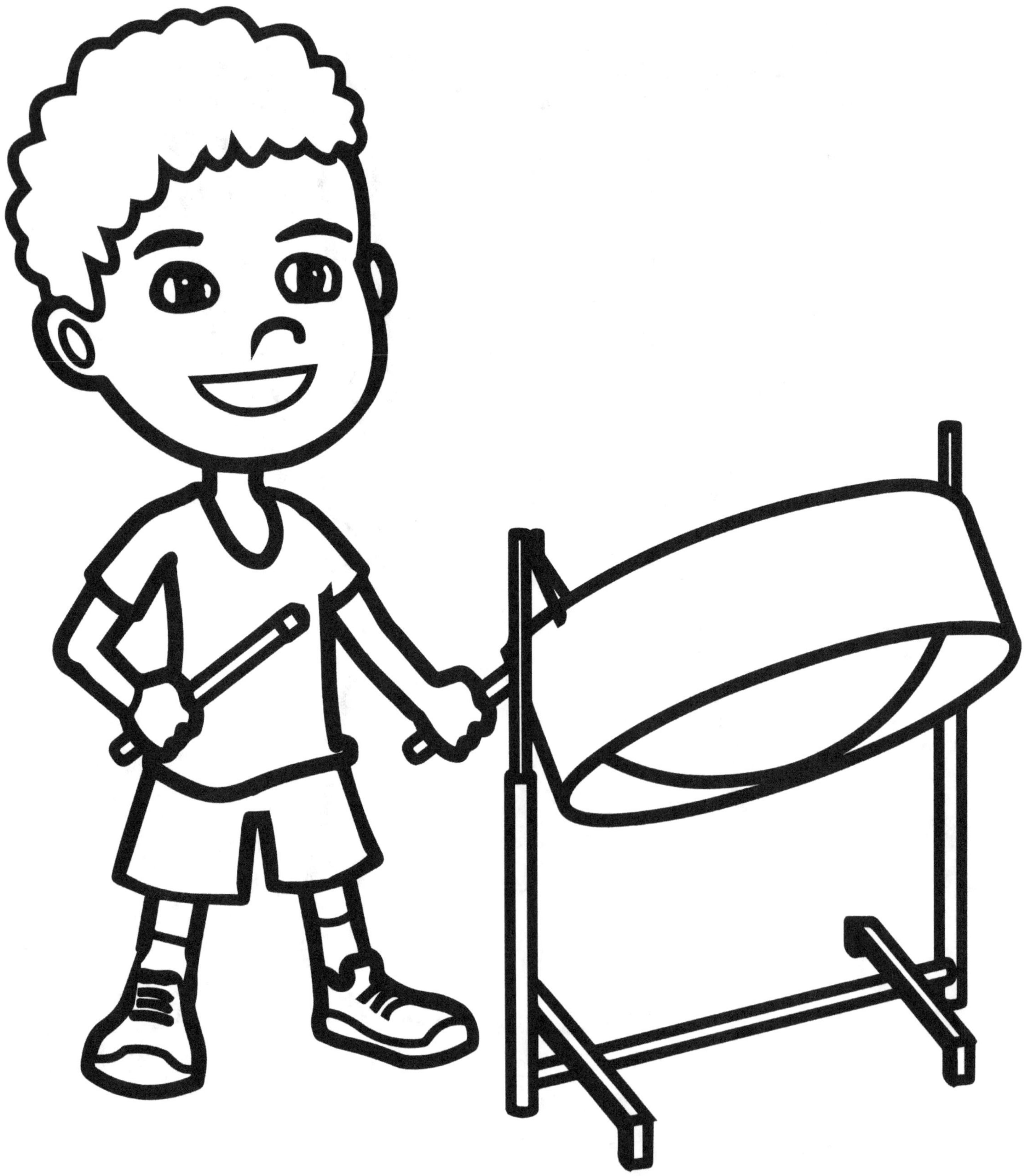

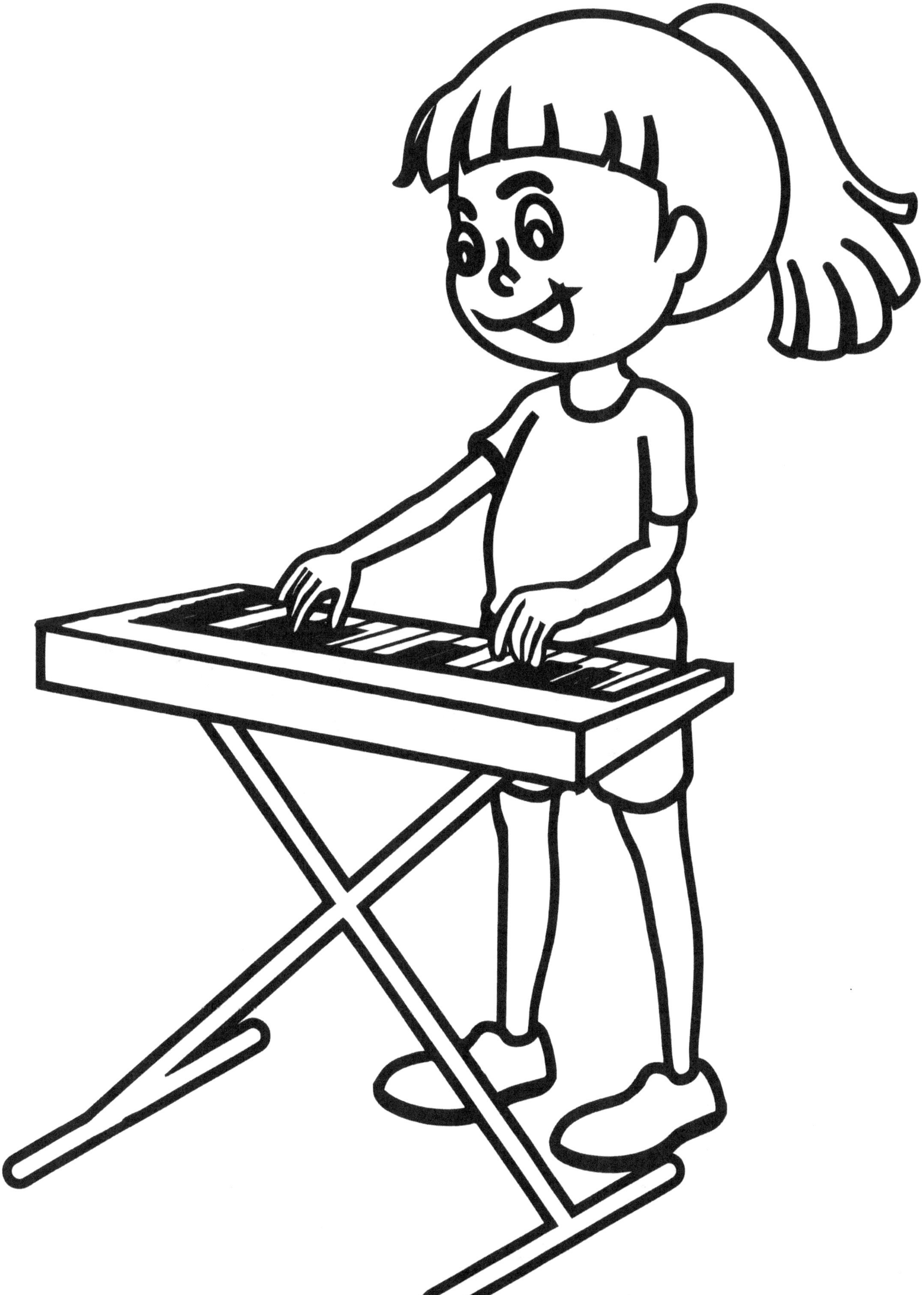

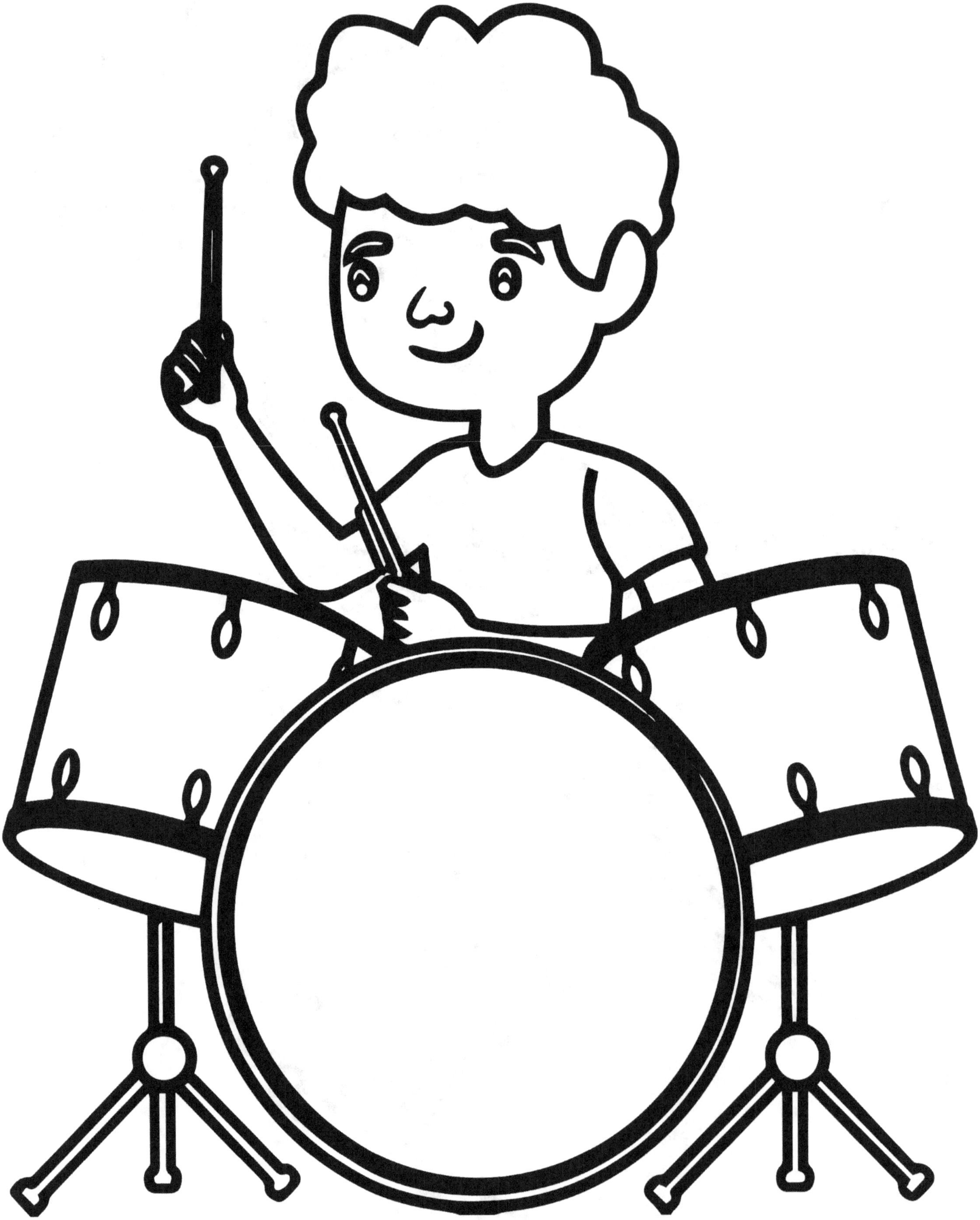

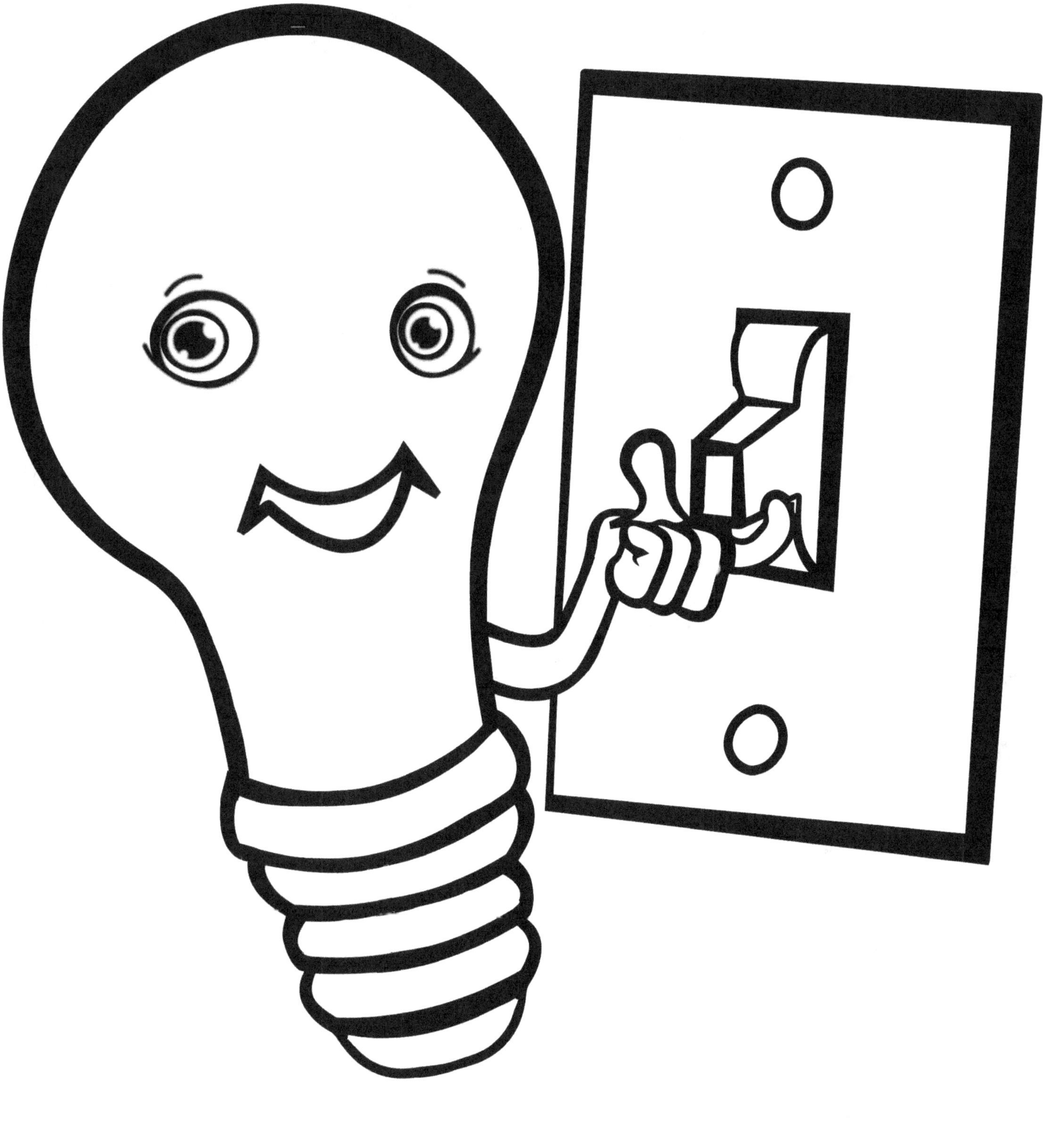

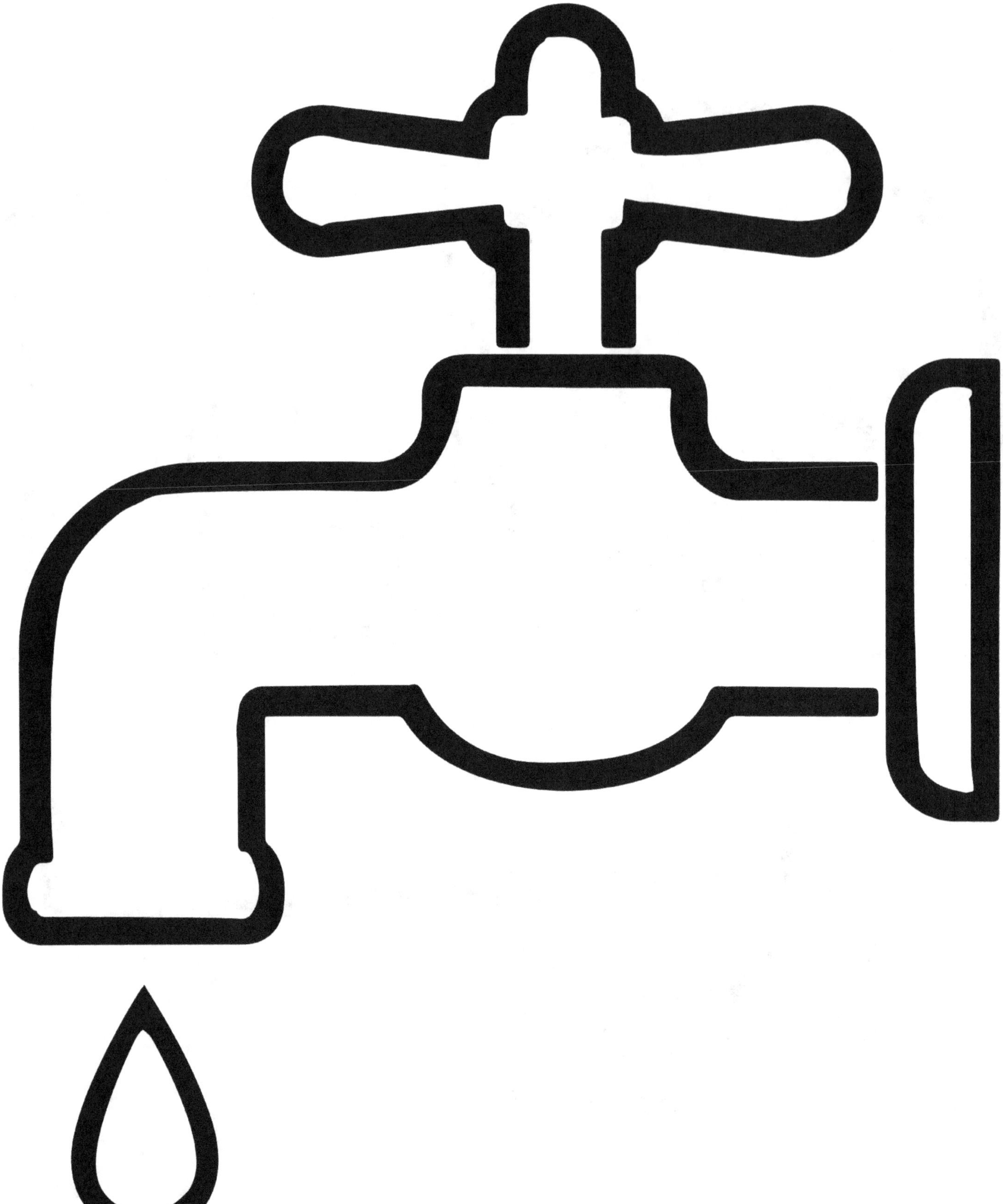

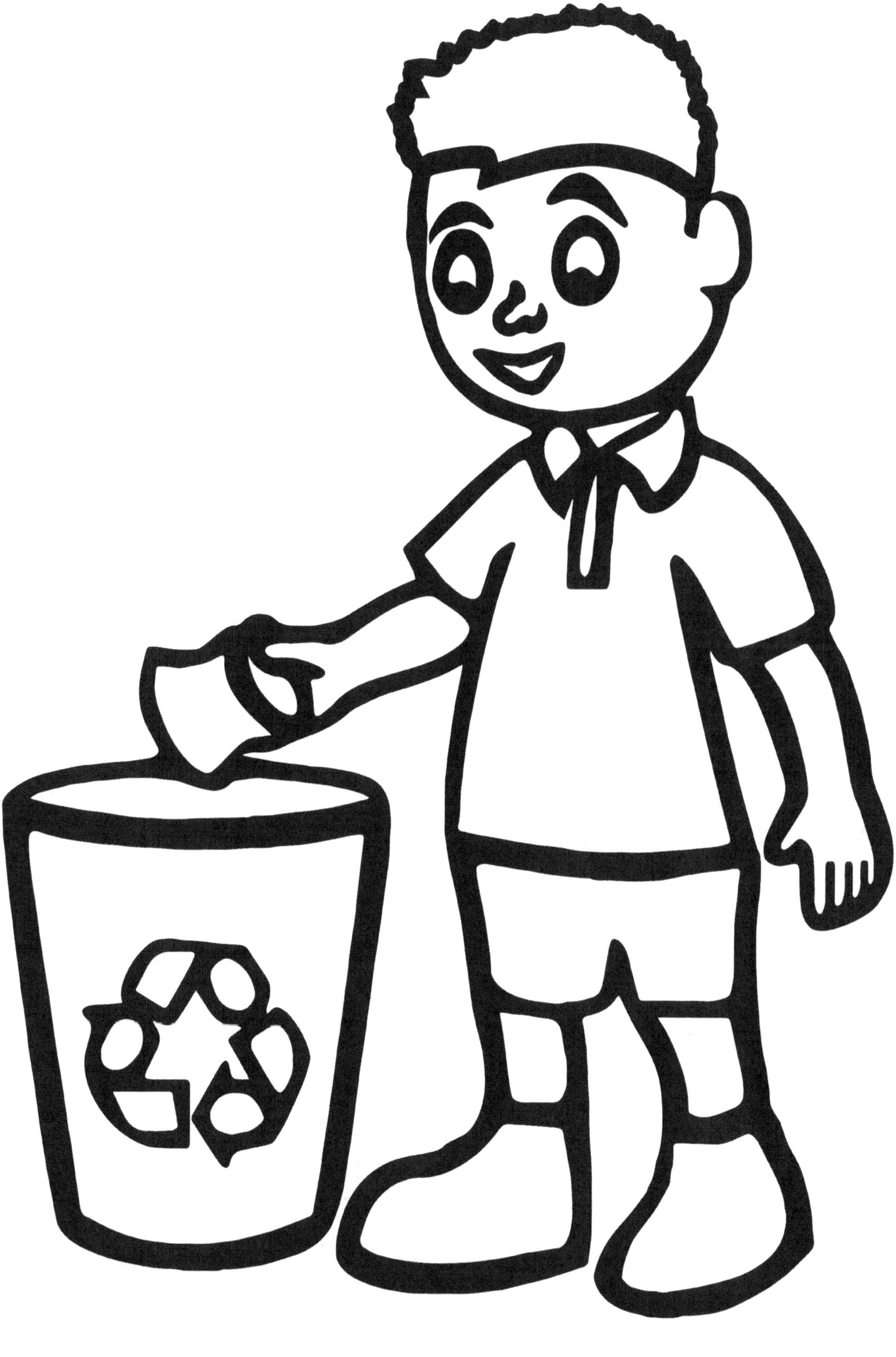

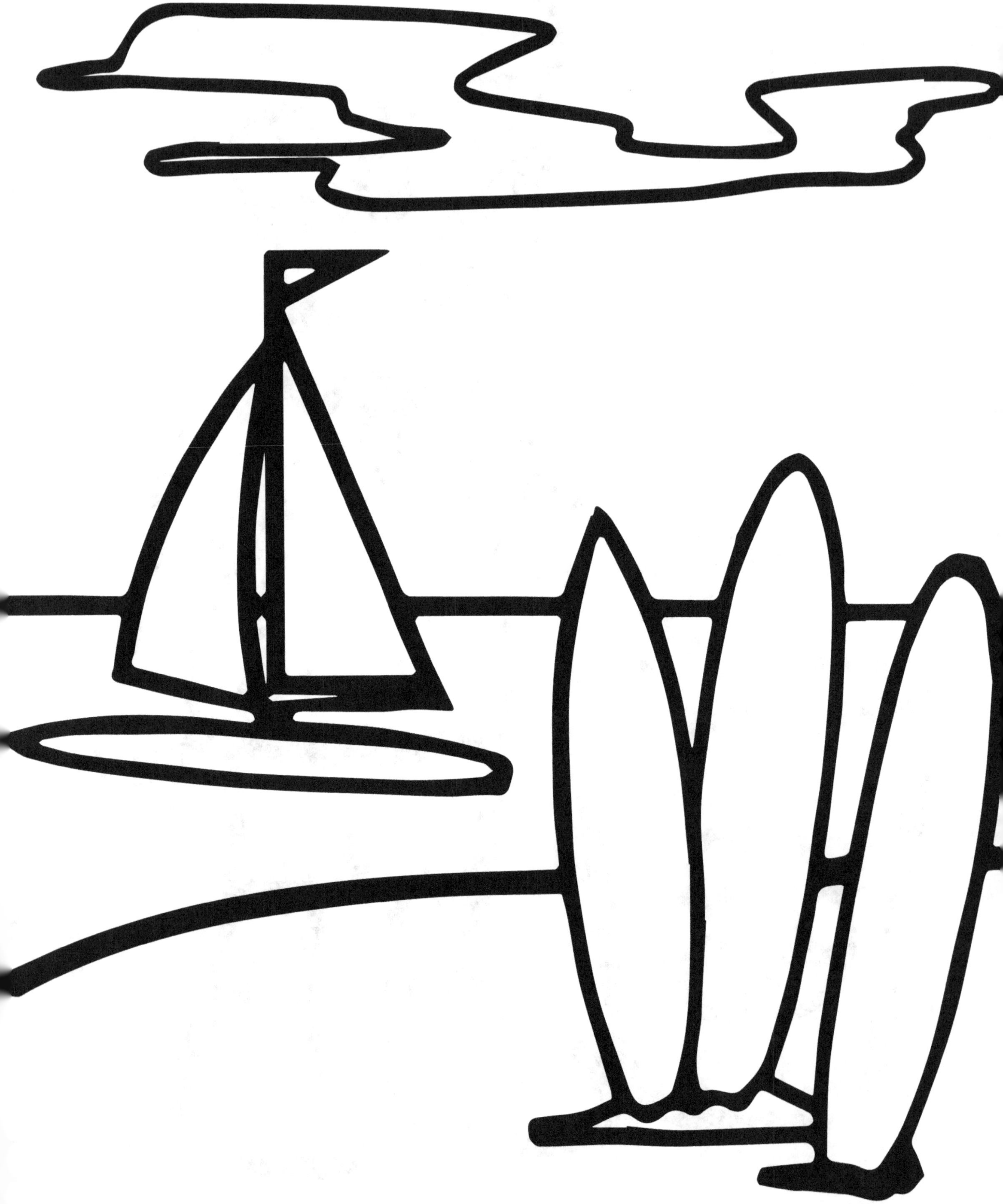

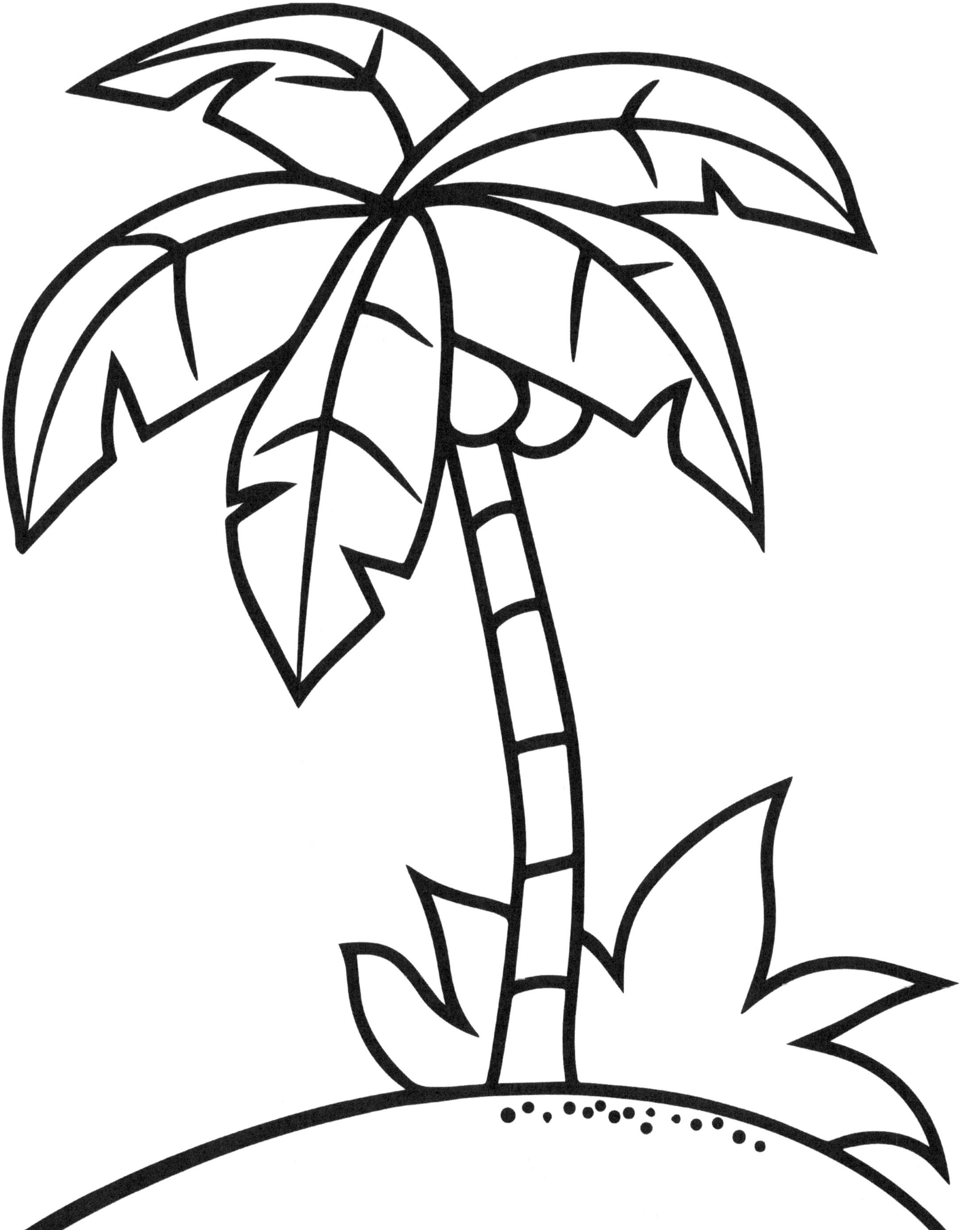

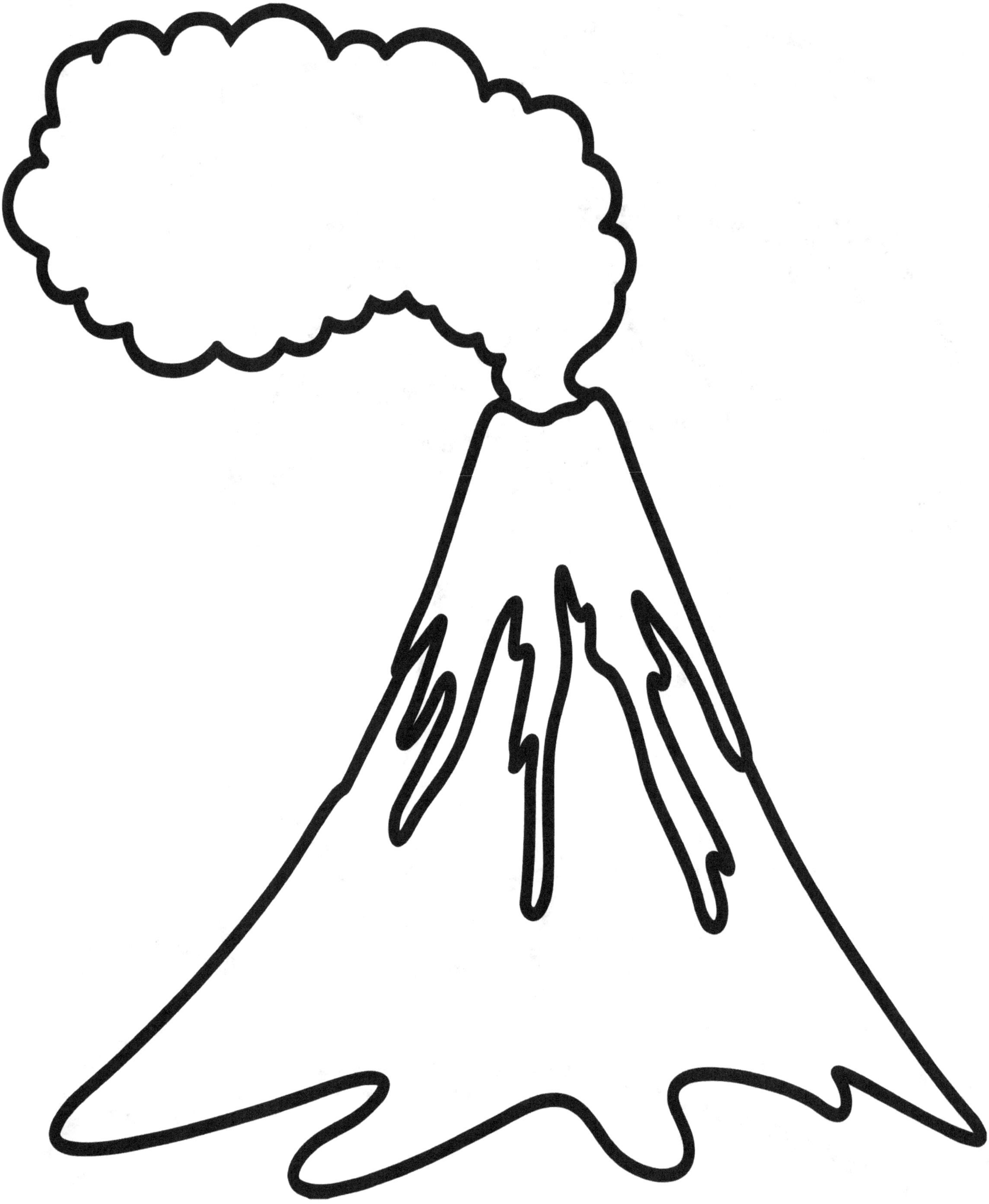

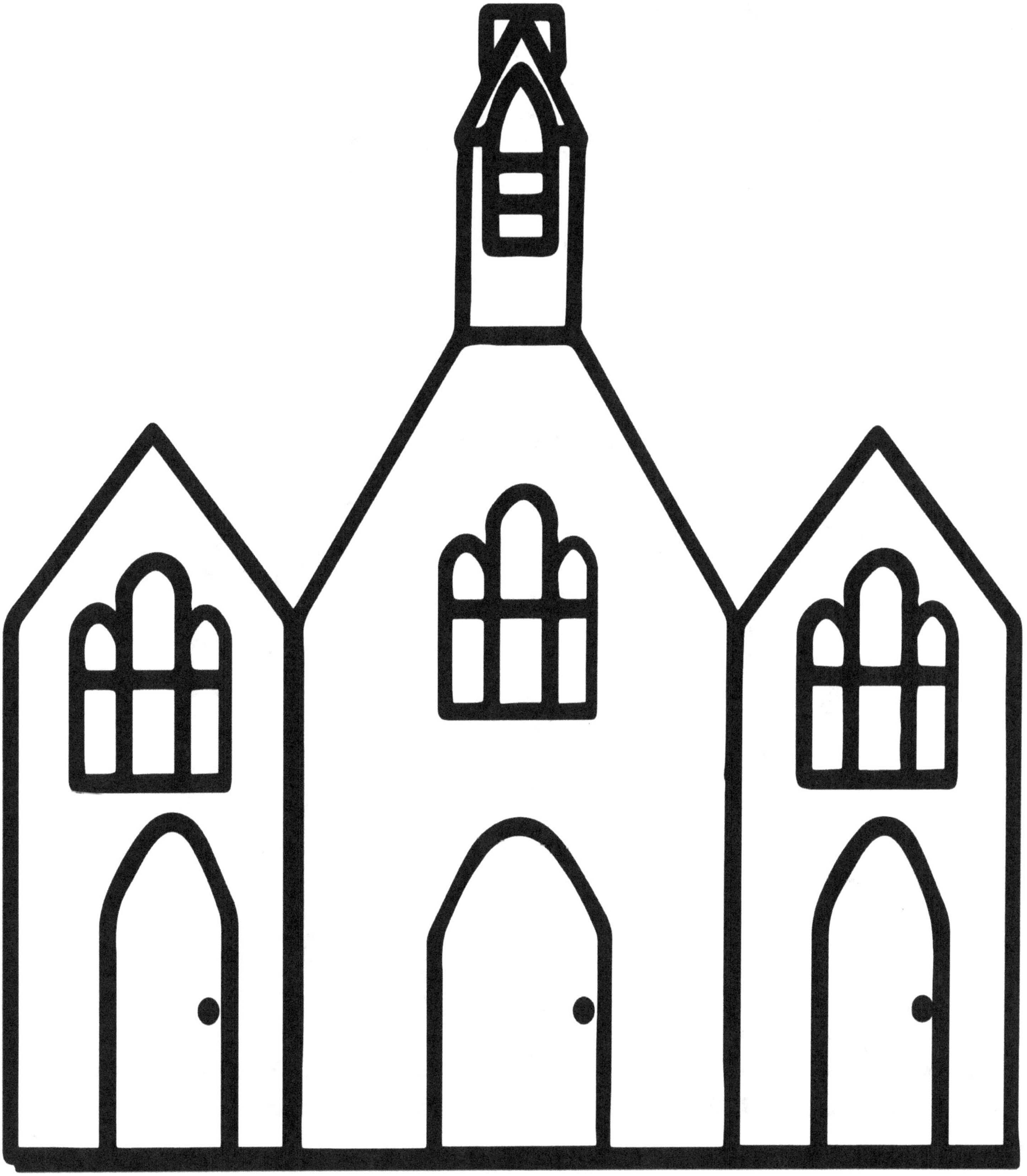

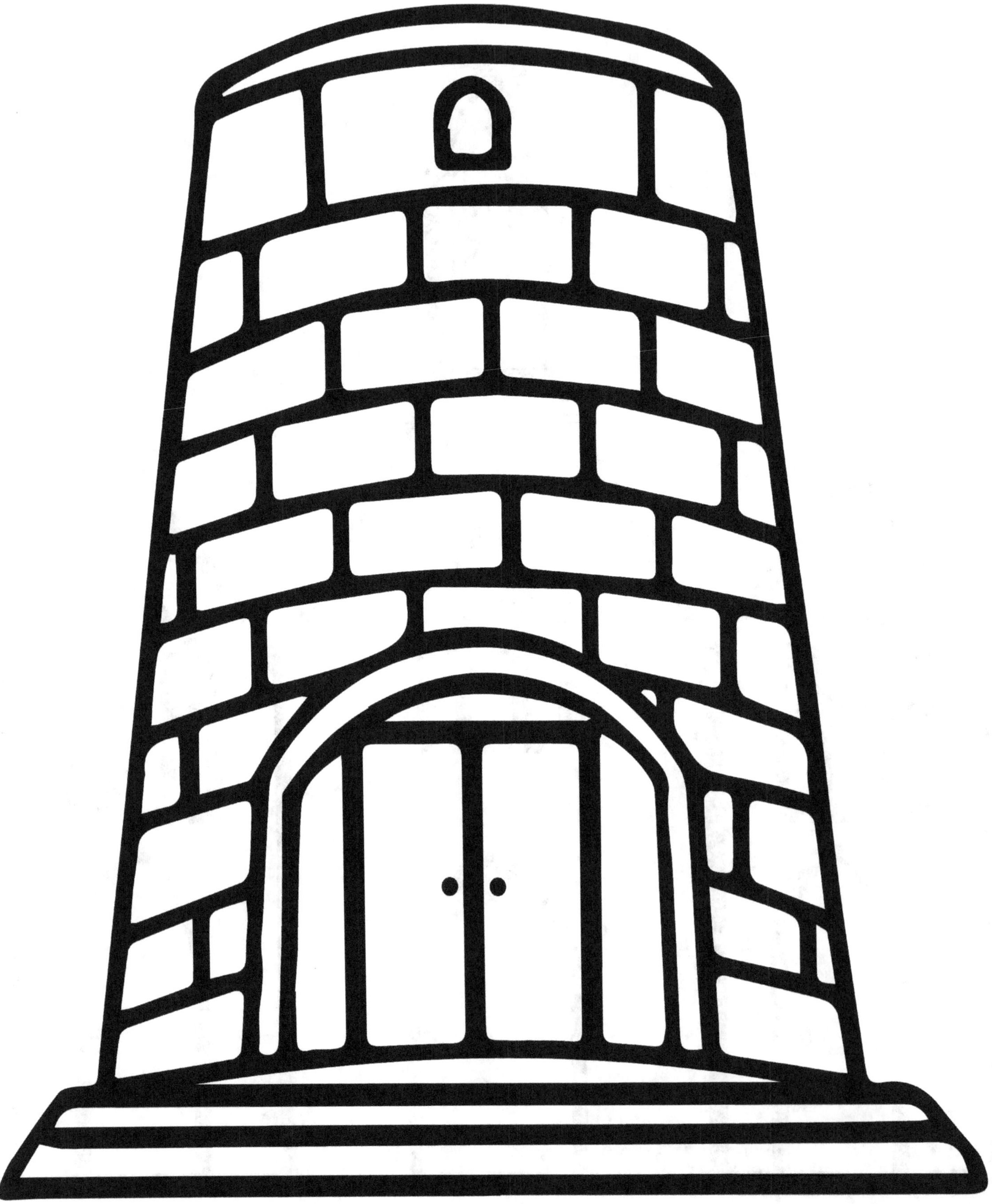

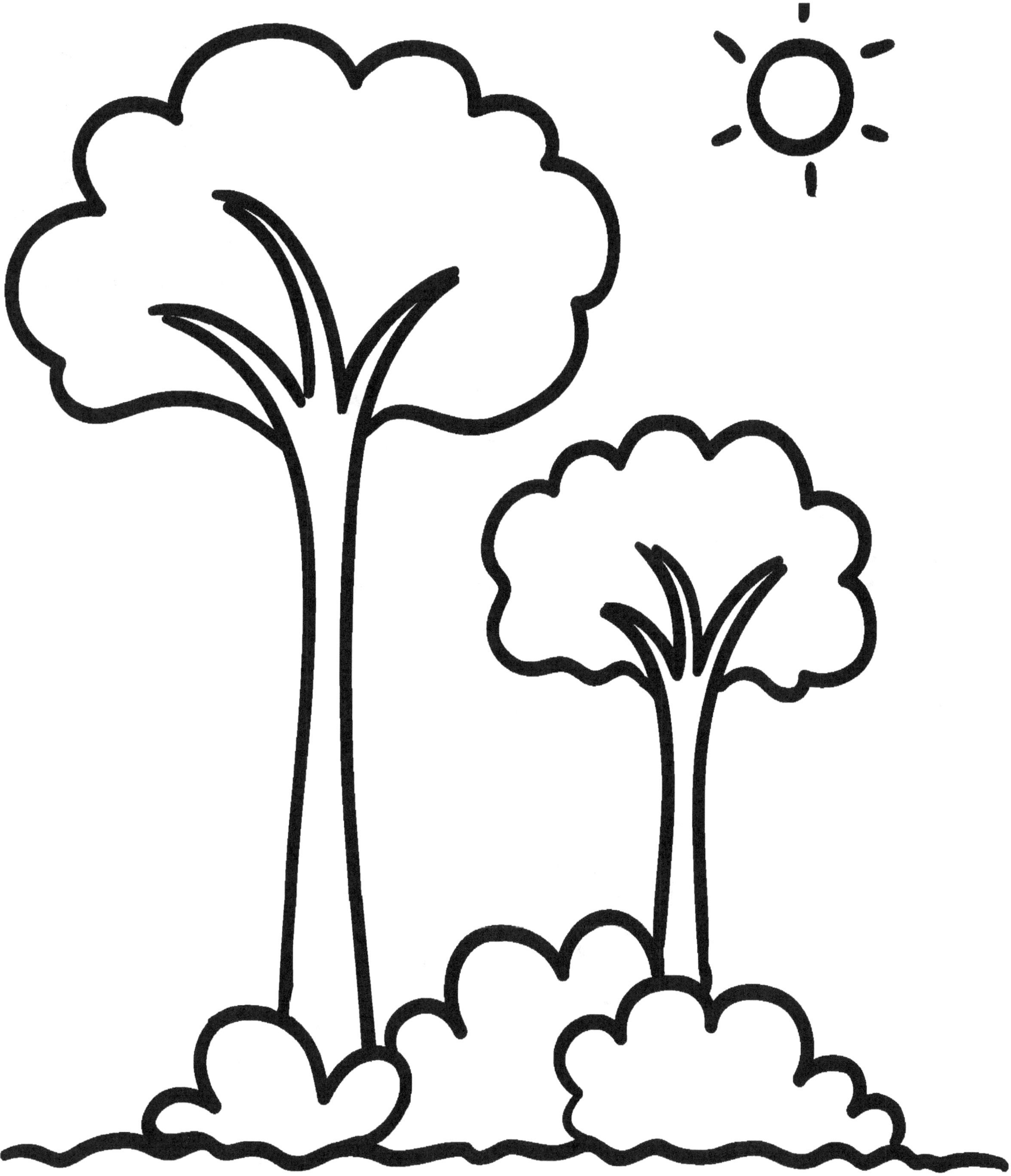

# 1

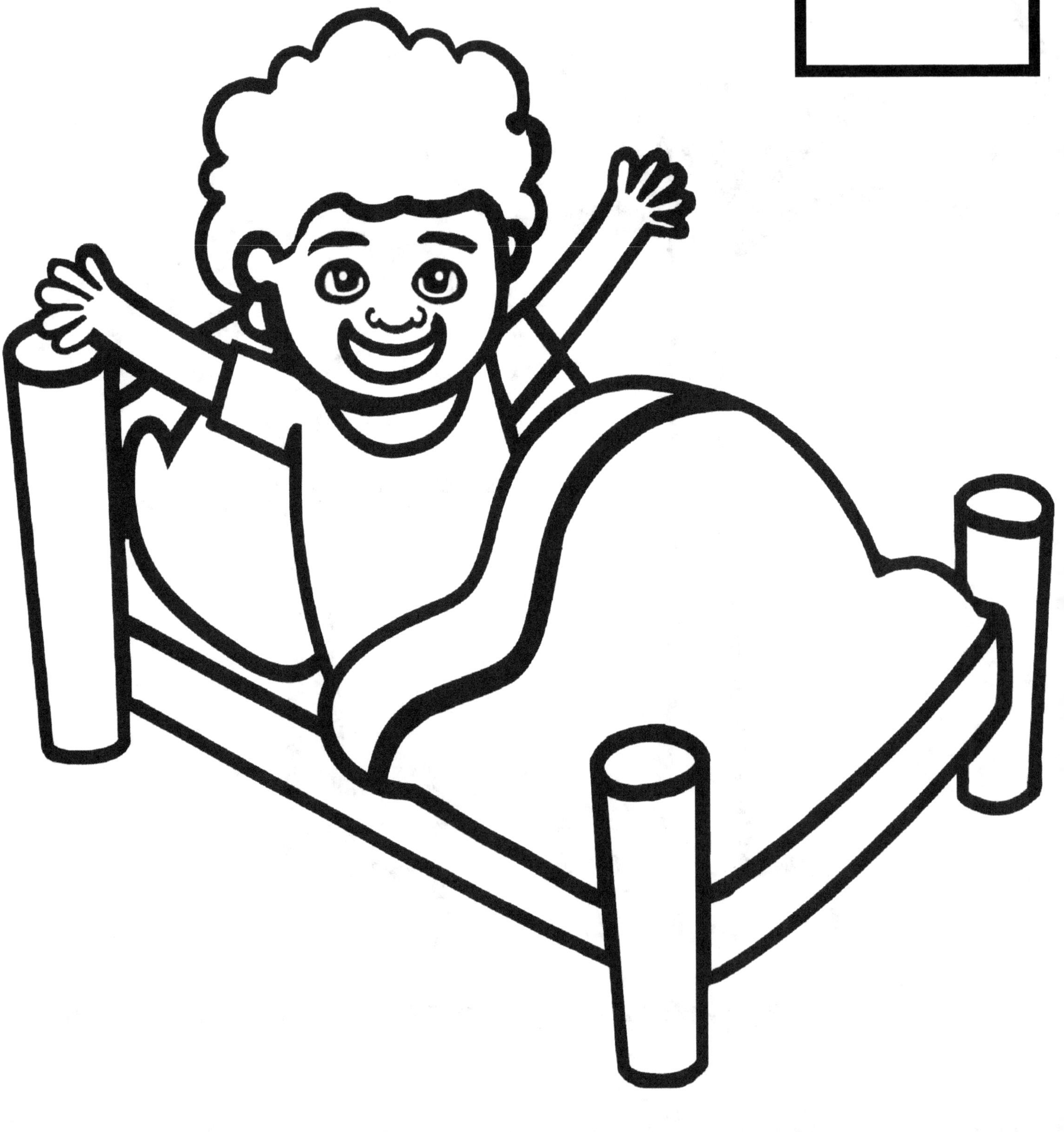

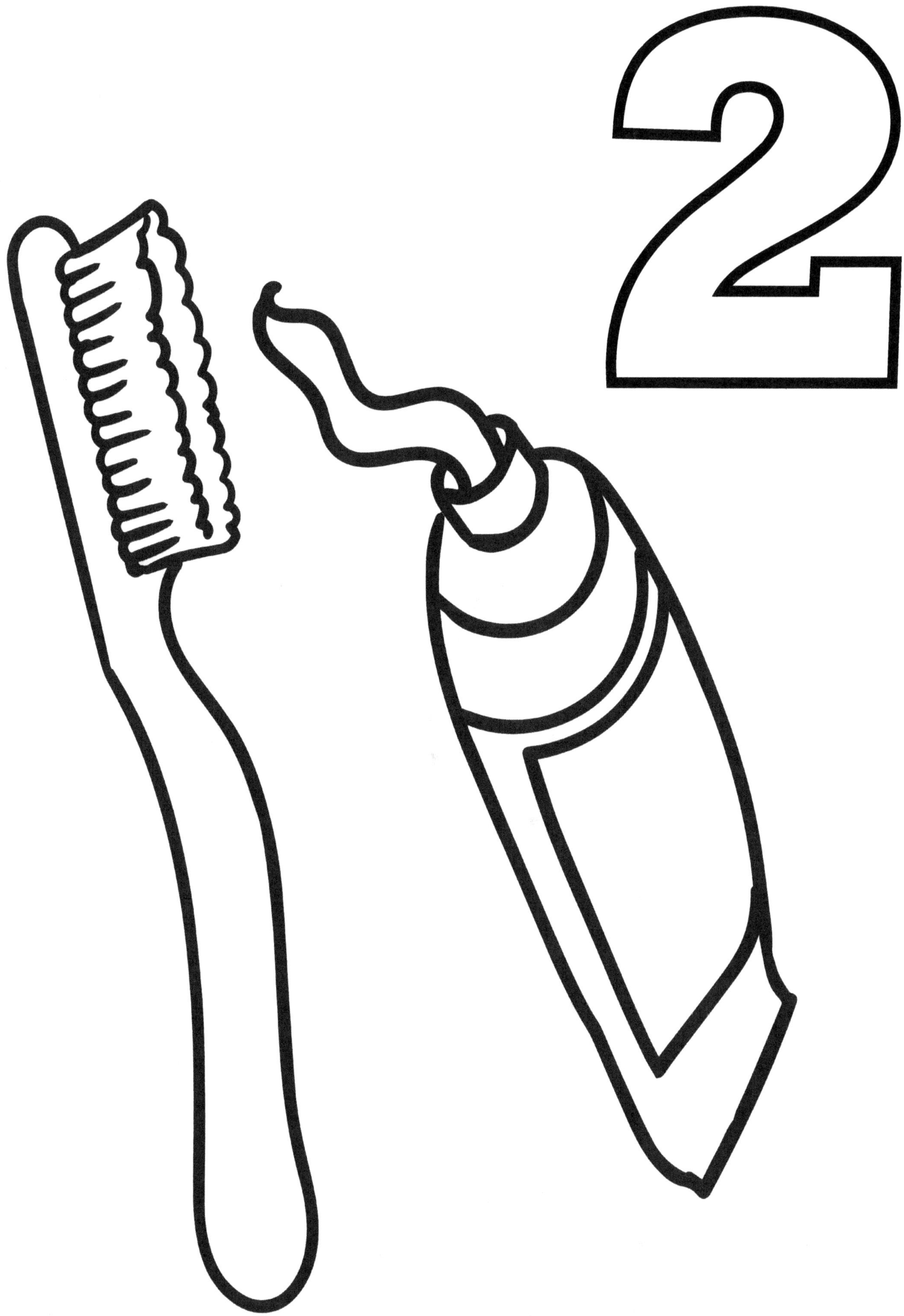
2

# 3

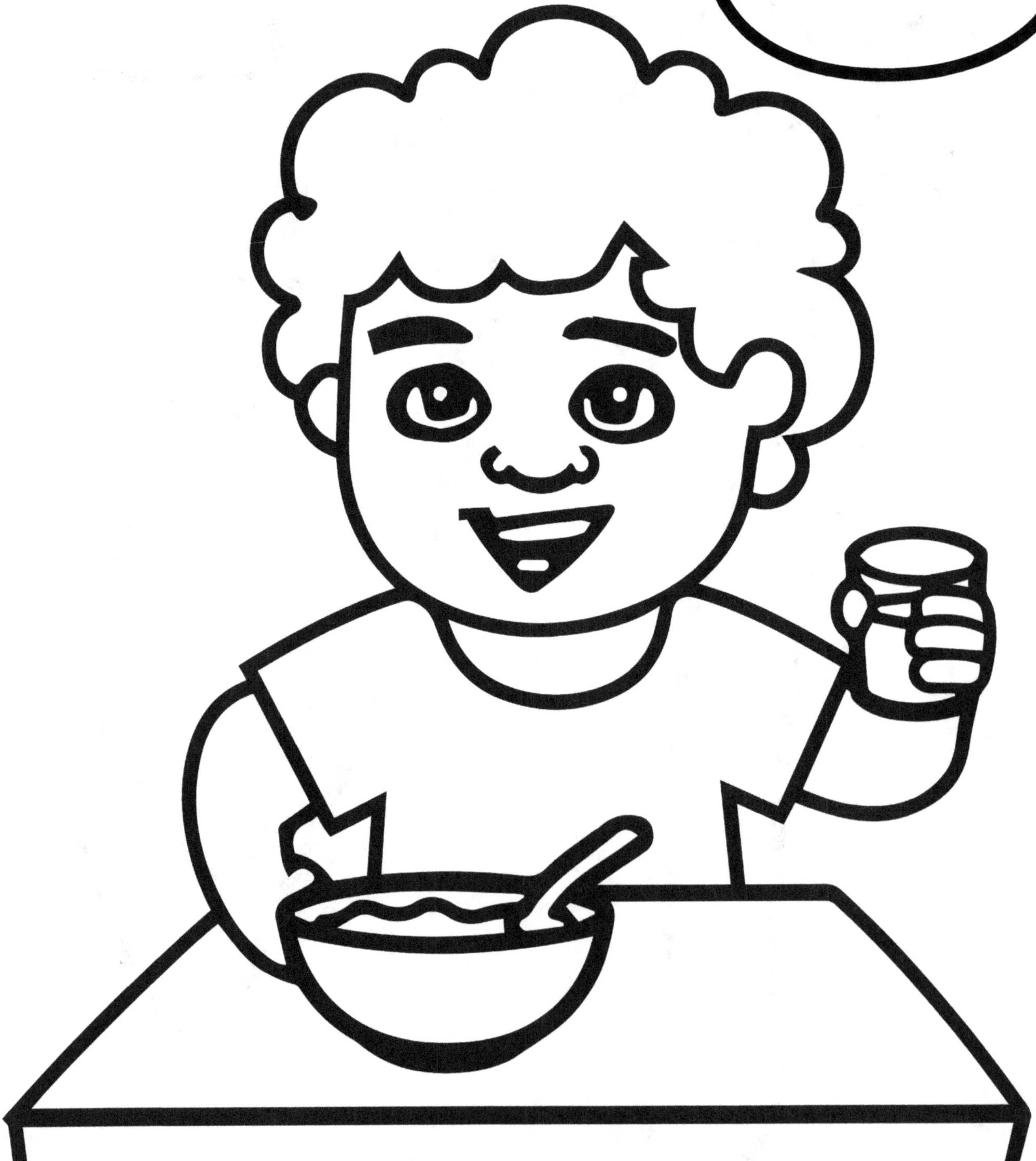

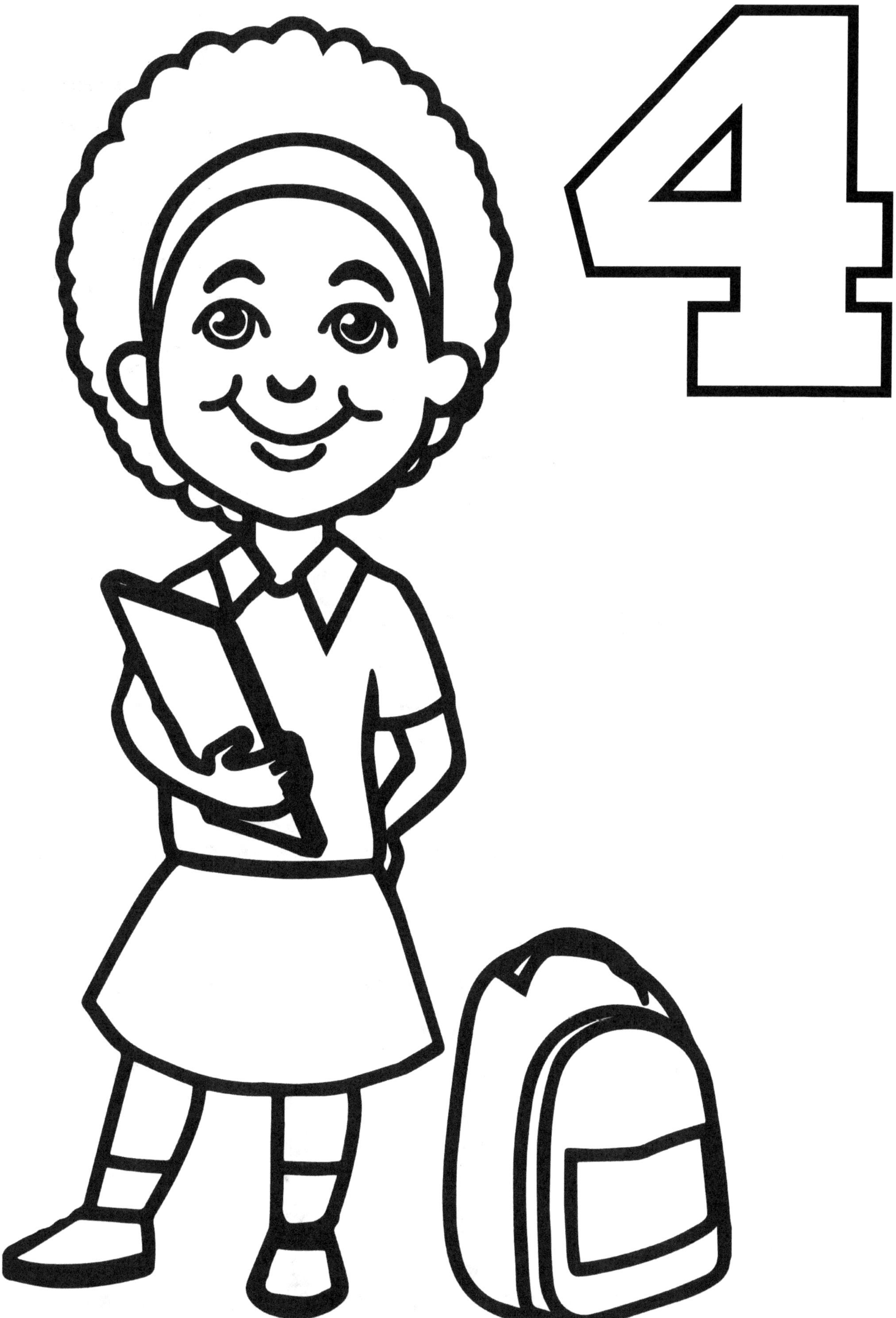
4

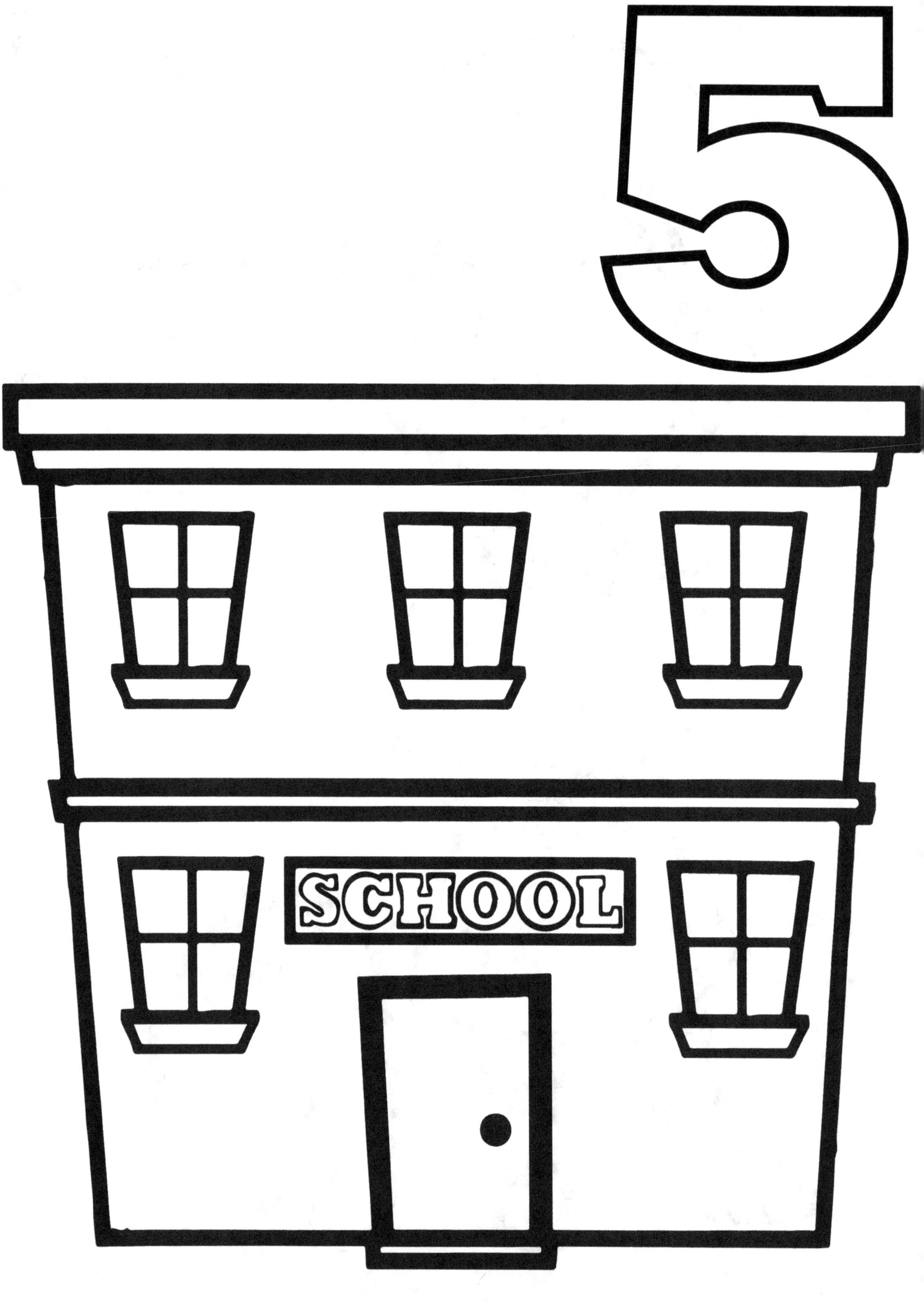
5
SCHOOL

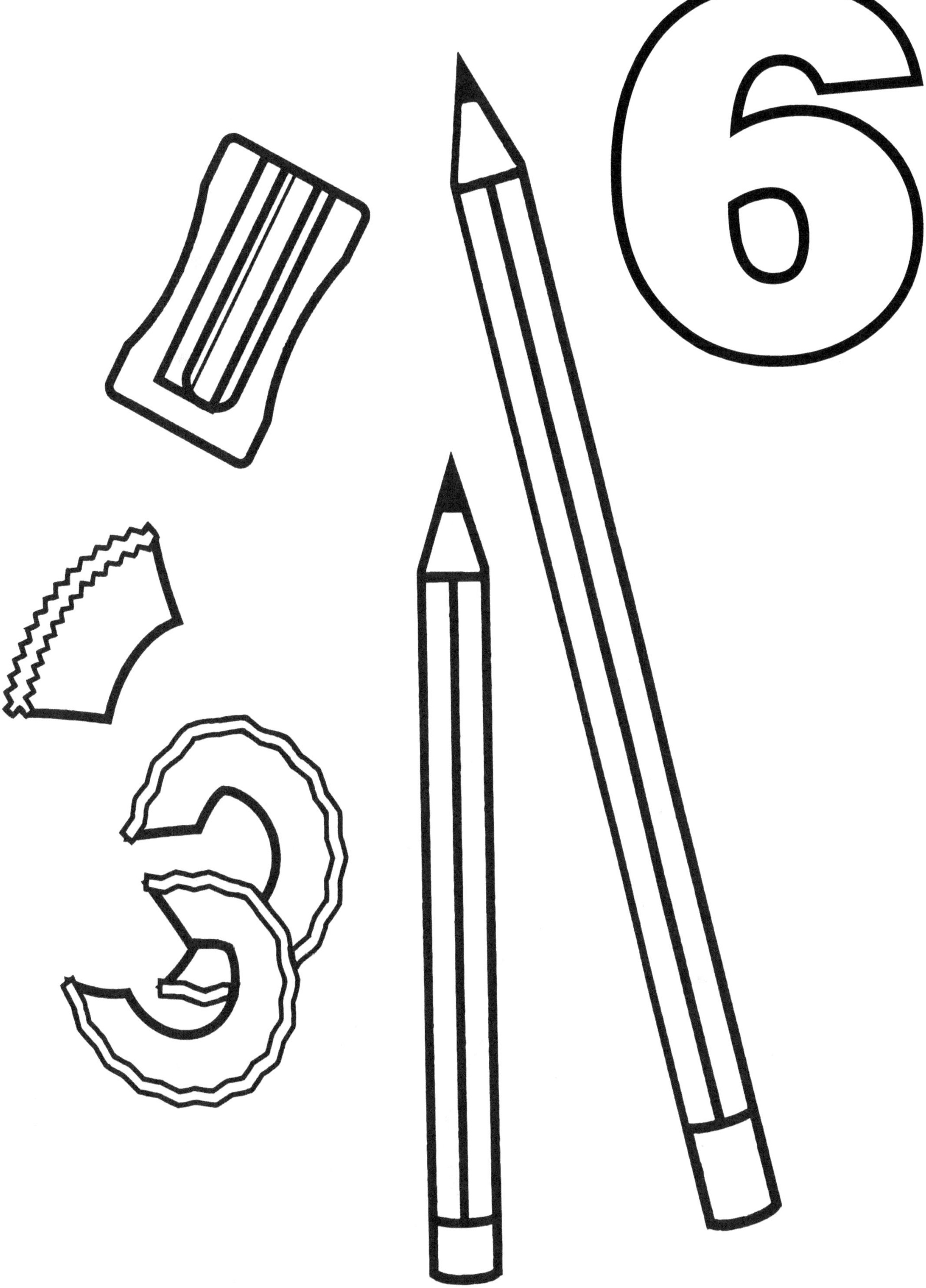
6

# 7

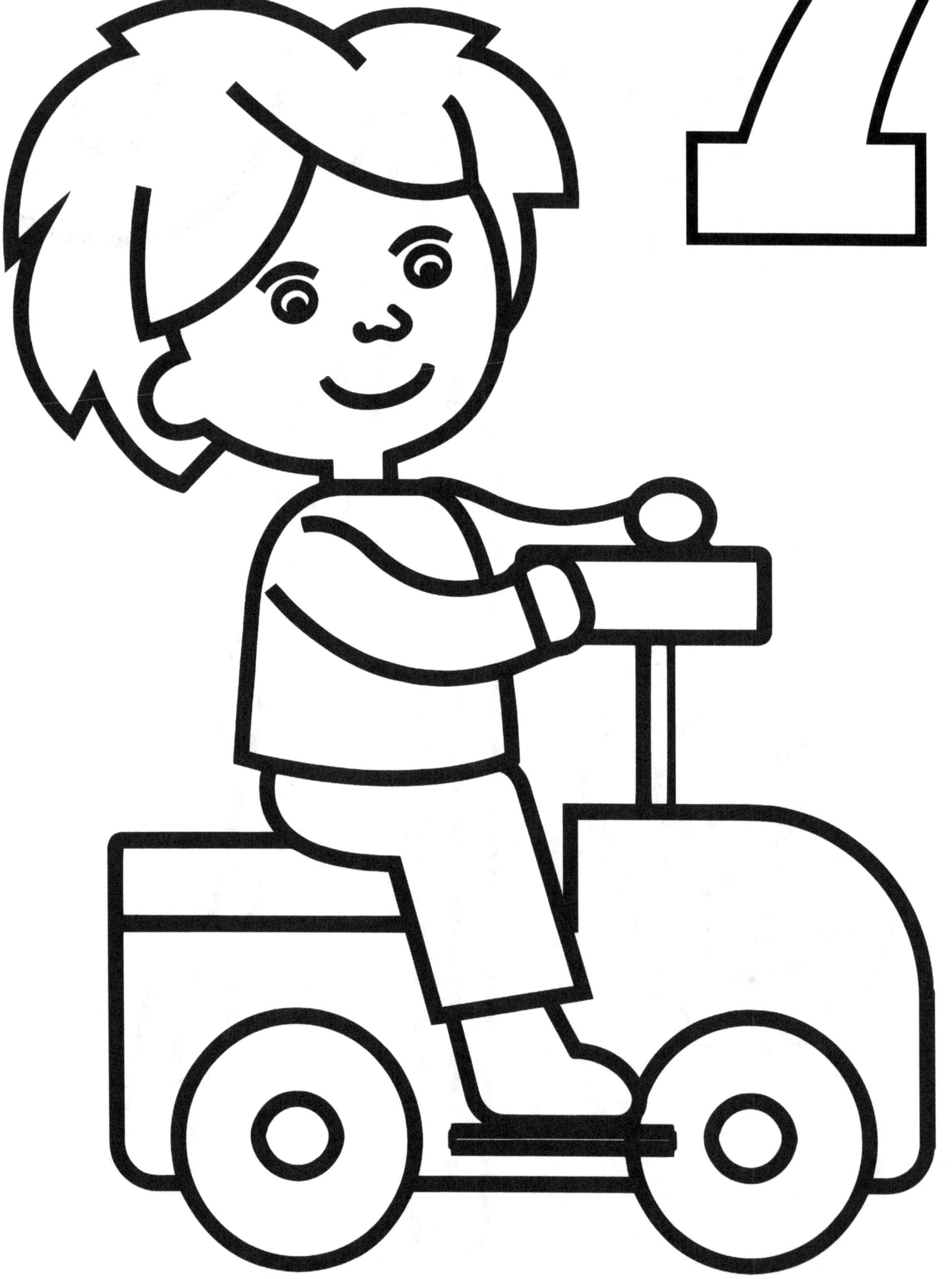

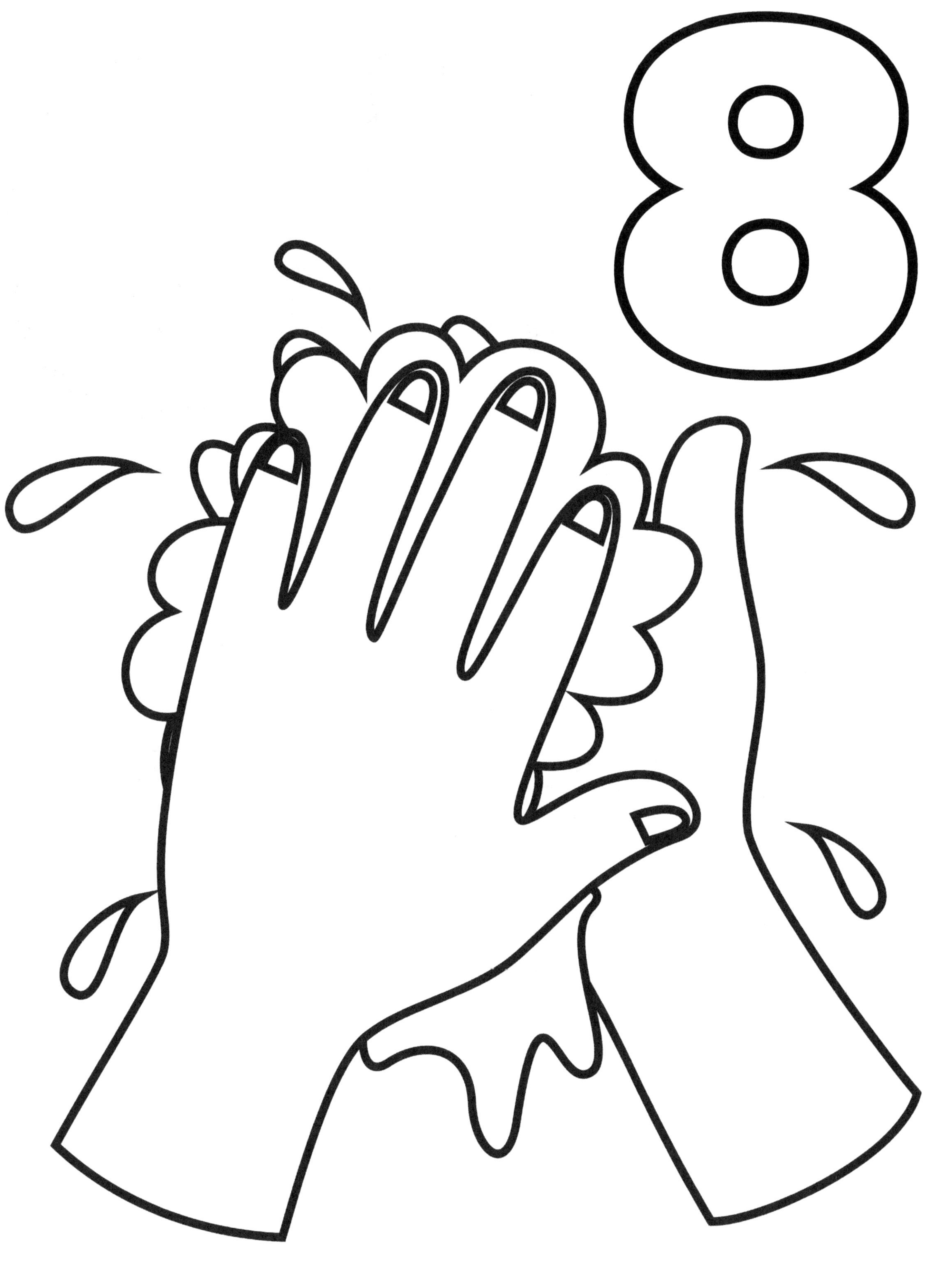
8

# 10

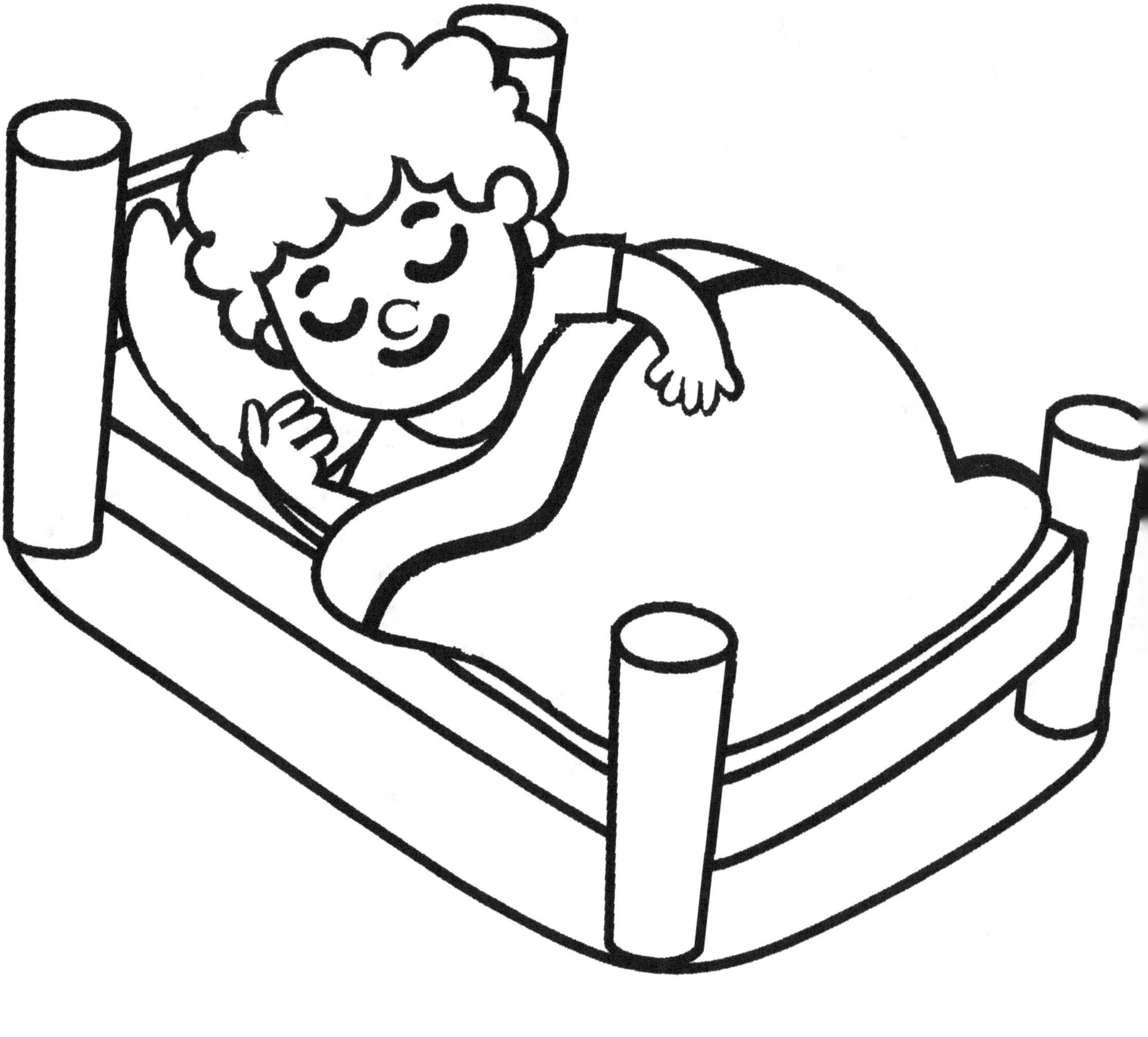

# 9

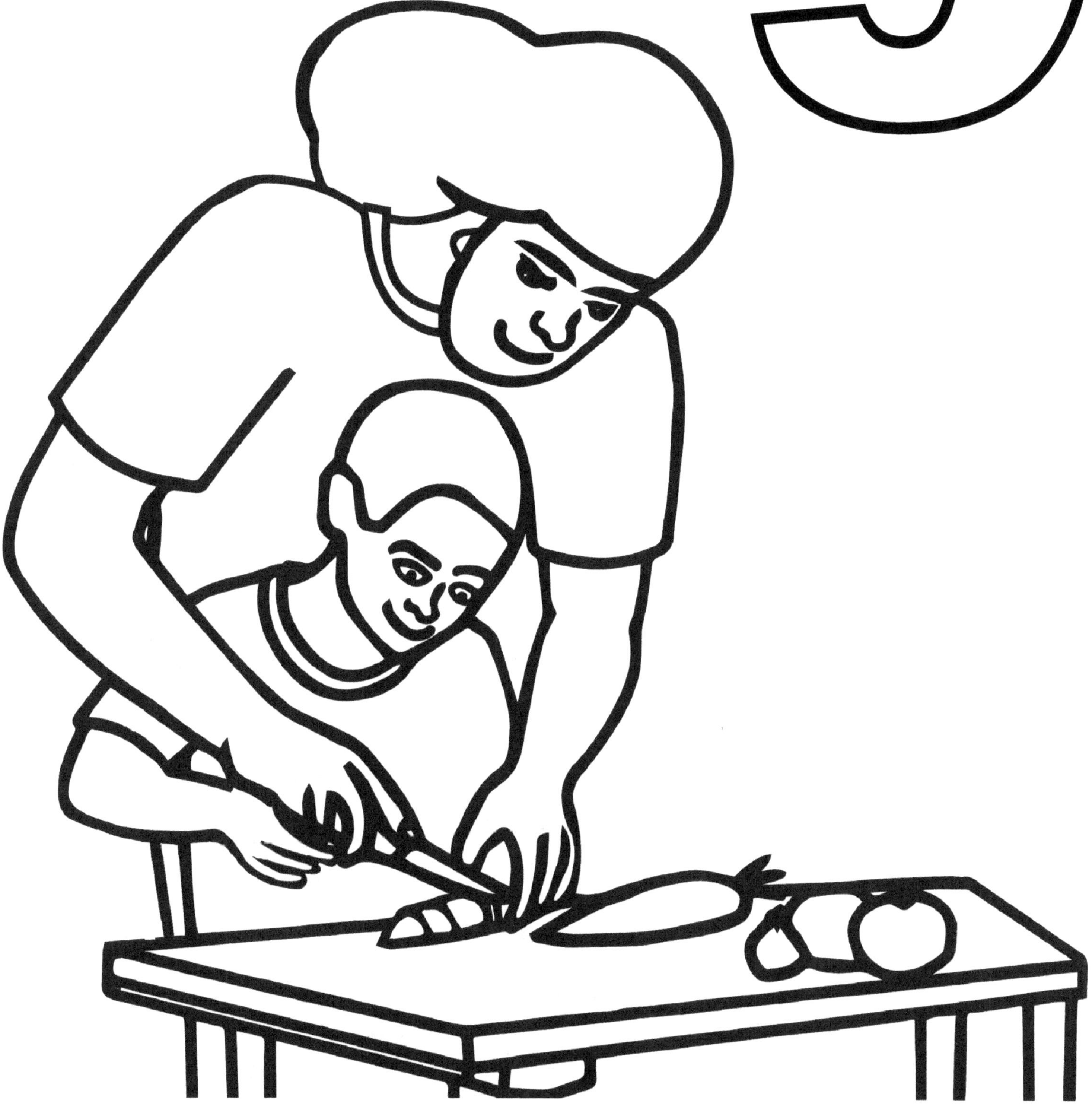

# DRAW AND COLOUR YOUR WORLD

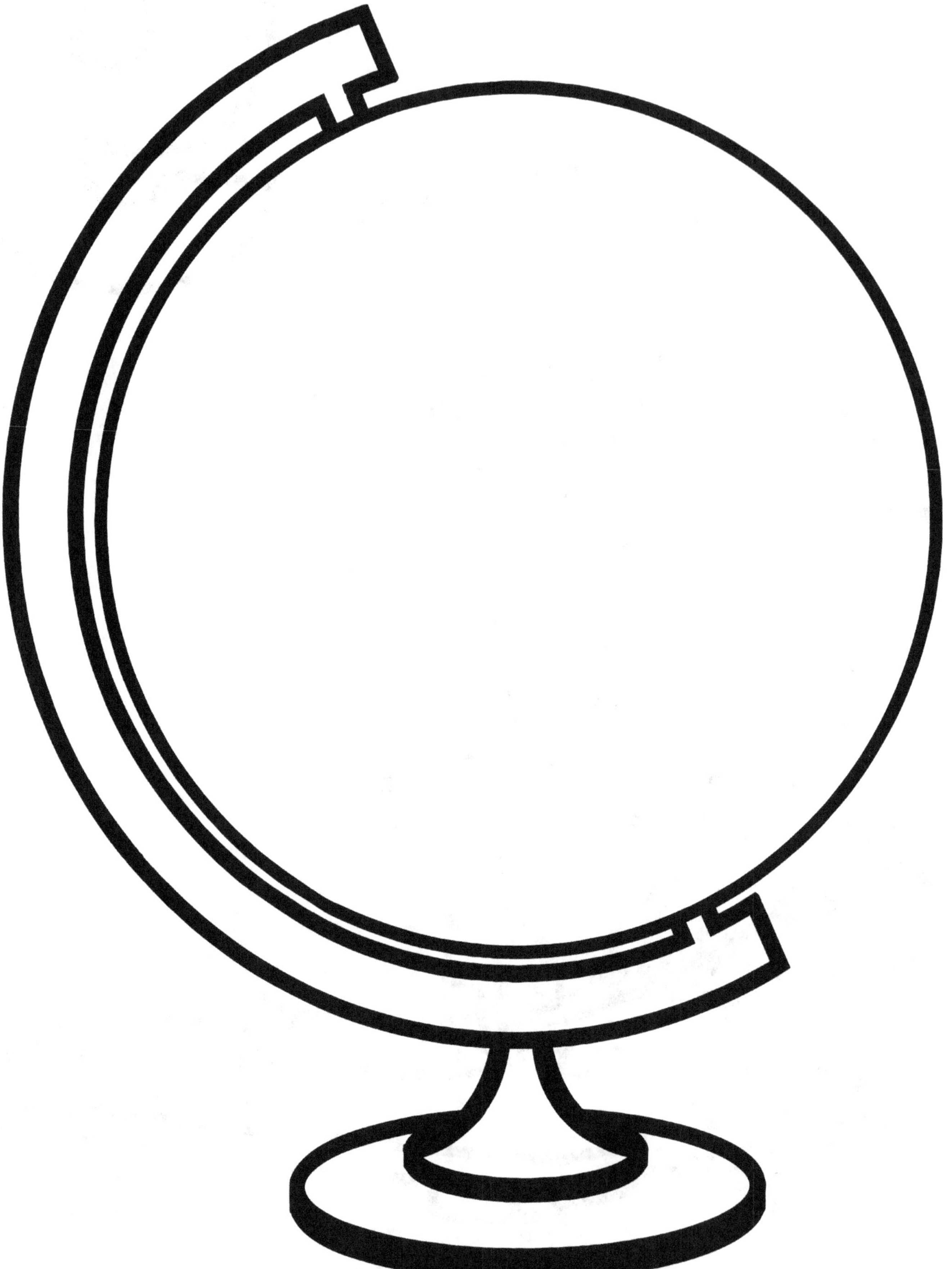

www.ingramcontent.com/pod-product-compliance
Lightning Source LLC
Chambersburg PA
CBHW081740220526
45468CB00008B/2171
*9781953747112*